Friedrich Reitzig

Predigtmeditationen

Friedrich Reitzig

Predigtmeditationen

Fromm Verlag

Imprint

Cover image: Vom Autor bereitgestellt

Publisher:
Fromm Verlag
is a trademark of
International Book Market Service Ltd., member of OmniScriptum Publishing Group
17 Meldrum Street, Beau Bassin 71504, Mauritius

Printed at: see last page
ISBN: 978-613-8-34913-6

Andachten und Predigten
zu Texten
aus dem 1. Mosebuch (Genesis)

von

Friedrich Reitzig

Inhaltsverzeichnis

„Und Gott sah an alles, was er gemacht hatte, und siehe, es war sehr gut.“
Gedanken zu 1. Mose (Genesis) 1,1-2,4.

Zur Freude und Jubel laden die ersten Verse der Bibel ein. Und Grund dazu haben wir wahrhaftig genug, auch wenn uns oft das Jammern und Klagen näherliegt als die Freude und der Dank. Der Eröffnungstext der Bibel möchte uns für das die Augen öffnen, was uns dankbar stimmen kann und soll. Was er uns nahezubringen versucht, läßt sich mit drei Stichworten zusammenfassen.

Der erste Grund zur Freude und zum Dank ist die Schöpfung,
der zweite der Mensch
und der dritte der Sonntag.

Gehen wir diesen drei Punkten nun etwas nach und überlegen, was uns hier den Mund zum Danken und zum Jubeln öffnen kann.

Zum ersten die Schöpfung: Wie herrlich die Schöpfung ist, dürfen wir jeden Tag neu erleben. Jede Jahreszeit hat ihre Reize. Auch wenn der Himmel wolkenverhangen ist und trübes Grau-in-grau vorherrscht, so kann es doch die Wunder der Schöpfung nicht so weit verdecken, daß wir sie nicht mehr erkennen könnten. Bereits ein Blick zum Fenster hinaus zeigt im Frühling, wie die Schöpfung nach einer Zeit der winterlichen Ruhe und Erholung zu neuem Leben erwacht. Im Sommer lässt sich das Wachsen, Reifen und Ernten beobachten, das im Herbst seinen Abschluss findet, bis es wieder ausmündet in den winterlichen Schlaf der Regeneration und Erneuerung. Die Kräfte, die hier wirksam werden, sind und bleiben geheimnisvoll, auch wenn man sie in der einen oder anderen Richtung zu erforschen beginnt. Jede Jahreszeit steht für Augenblicke, in denen man spürt und erfährt, wie sich neues Leben zu regen beginnt und zur Reife hin entwickelt und verändert, - unabhängig von uns als Menschen, - nach einem geheimnisvollen Fahrplan, - nach einer Gesetzmäßigkeit, die so lange schon ihre Gültigkeit hat, wie diese Erde steht. Für mich ein Grund zum Stau-

nen und Innehalten und damit zum Danken. Diese Schöpfung, - die Welt, in der wir leben, ist ein Wunder vor unseren Augen, - ein Kleinod, das geschaffen wurde und über dem es am Ende heißt: „Und siehe, es war sehr gut."
Wir leben - und das ist für mich eine weitere und große Erkenntnis dabei, die uns die ersten Verse der Bibel zu vermitteln versuchen -, nicht in einer Welt, die der Zufall so gewollt hat, sondern in einer Umgebung, die von Gott geschaffen wurde, - in die er Licht und Ordnung gebracht hat. Das lässt mich weiter staunen und dankbar sein. Dieses Wissen macht mir die Welt, in der wir leben, noch ein Stück kostbarer, - noch wertvoller, als sie es in meinen Augen durch eine Erklärung der Schöpfung mit Hilfe der der Evolutionslehre, sprich der Lehre von der steten Fort- und Weiterentwicklung des Lebens auf dieser Erde, je sein könnte. Am Anfang stand, so bezeugt es uns der Eingangstext der Bibel, Gottes großes „Es werde –und es ward!"
Gerade das aber - und das sei an dieser Stelle auch betont - verpflichtet uns der Schöpfung gegenüber. Umweltschutz, Bewahrung der Schöpfung, artgemäßer Umgang mit unseren Haustieren sowie artgemäße Fütterung sind in Zeiten von Medikamentenmissbrauch, Genforschung und Klonen und anderem mehr keine Parteiaufgaben, sondern Christenaufgaben, - ein Stück Gehorsam gegenüber Gottes Willen und Gebot und in der Umsetzung ein Dankeschön diesem Gott gegenüber, der uns mit dieser Welt so viel Schönes und Gutes anvertraut hat. Ich bin sicher, in dem Maße, in dem wir uns dieser Aufgabe bewusstwerden und stellen, können wir manche Probleme unserer Zeit und Welt besser in den Griff bekommen.
Unsere Welt ist Gottes Schöpfung, - und als Menschen, die wir in ihr wohnen, sind wir ihr verpflichtet als Gottes gute Haushalter.

Damit wären wir beim zweiten Themenkreis, - nämlich beim Mensch, sprich bei uns selbst. Nach den Worten des Schöpfungsberichts dürfen wir uns als etwas ganz Besonderes fühlen, - als Herren der Welt und Krone der Schöpfung, - eben als die, die Gott als seine Sachwalter in dieser Welt eingesetzt hat. Jeder einzelne von uns darf von sich behaupten, von Gott zu seinem Ebenbild geschaffen und berufen zu sein. Gott hat uns seine Erde anvertraut und uns den Auftrag mit auf den Weg gegeben, sie

zu erkunden und zu erobern. Alles hat er unter unsere Füße gelegt. Nach seinem Willen zeichnet uns damit eine große Würde aus. Und wie ein Ausrufezeichen steht dahinter der Satz: „Und siehe, es war sehr gut."
Liegt aber nicht in diesem einen kleinen Sätzchen schon viel Wehmut? Es war sehr gut, heißt es. Ist es das heute nicht mehr? Was ist aus Gottes Schöpfung, - was aus uns Menschen und aus dieser Welt geworden, - nicht durch Unglücksfälle und Naturkatastrophen, sondern durch den Menschen in vielen kleinen, unscheinbaren Schritten? Worte wie Umweltverschmutzung und -zerstörung machen es deutlich. Was sie beschreiben, kann jeder an vielen kleinen Details, aber auch im Großen und Ganzen dieser Welt selbst nachvollziehen, kann es erleben oder muss es durchleiden. Wie sich unter unserer menschlichen Hand das Gesicht dieser Welt verändert und verändert hat, lässt sich allein schon durch einen Blick aus dem Fenster unschwer nachvollziehen. Dieser Blick zeigt, dass die Veränderung keinesfalls immer nur ein Segen war, - der viel gerühmte Fortschritt nur selten eine Veränderung zum Guten ist. Die Herrschaft über diese Erde, die Gott uns Menschen aufgetragen hat, hat zum Teil beklemmende Früchte getragen, - Früchte, die einmal Fortschritt versprachen und auch mit sich brachten, offenbaren plötzlich ihr zerstörerisches Wesen. Typische Beispiele dafür sind die fossile Energiegewinnung oder die Mobilität unserer Gesellschaft mit ihren Folgen für das Klima und die Gesundheit. Man denke nur an die zunehmende Verschmutzung der Luft, die Zahl der Allergien u. Ä. mehr. Davor dürfen wir nicht die Augen verschließen. Es bleibt eine Belastung für uns und unsere Welt.
Doch das heißt nicht, die Schraube zurück auf null zu drehen, - zurück in die Steinzeit und in die Höhlen der Vorfahren. Was sich für mich aus dieser Beobachtung als Lehre ergibt, ist die Erkenntnis, daß wir verstärkt und bewusst mit unserem Tun im Alltag vor Gott treten sollten. Bevor wir neue Fortschrittsphantasien in die Welt setzen, sollten wir sie vor Gott prüfen, - nicht nach Regeln der Profitmaximierung, sondern nach dem, ob das, was wir zu tun gedenken, mit Gottes Willen und dem uns aufgetragen Umgang mit seiner Schöpfung im Einklang stehen. Wer nach Gottes Willen und Gebot die uns übertragene Herrschaft über Gottes Schöpfung ausüben will, der muss betend arbeiten, sprich mit dem ernst machen, dass Gott uns als sein

Gegenüber geschaffen hat, - nicht als sein Widerpart, - nicht als Kontrahenten und Konkurrenz oder als Tyrannen und Ausbeuter, sondern als Partner, - als Gesprächspartner, - eben als seine Stellvertreter und Sachwalter hier auf dieser Erde. So sind wir von Gott gewollt. Jeder einzelne! Das heißt für mich, Ebenbild Gottes zu sein und als solches seinen Willen hier auf dieser Erde zur Geltung zu bringen und in die Tat umzusetzen. Das erwartet Gott von uns. So viel traut er uns zu. Das finde ich überwältigend. Darüber kann ich nur staunen und von Herzen Danke sagen.

Wo aber kann dies geschehen, dass wir Danke sagen können? Wann findet man dazu Zeit und Ruhe? Mit diesen Fragen wären wir beim dritten und letzten Punkt angelangt, - beim Sonntag nämlich. Der Sabbat steht für den Tag, den Gott sich selbst als Ruhetag gegönnt und verordnet hat. Er soll auch ein Tag sein, an dem auch wir innehalten und neue Kraft schöpfen sollen. Zeit haben, ausruhen, das sind auch heute Begriffe, die in unserer Freizeitgesellschaft neu entdeckt werden müssen, denn je mehr freie Zeit wir haben, desto mehr neue Aktivitäten werden angeboten und fressen uns die freie Zeit regelrecht auf. Vor lauter Freizeit, so könnte man sagen, bleibt kaum Zeit zum Nachdenken, - zur Ruhe, - zur Stille. Mit Schlafen allein und einem späten Frühstück im Kreis der Familie wird man dem Sonntag kaum gerecht. Die Ruhe und Stille, die Gott von uns erwartet, ist eine zielgerichtete Stille, - eine Stille vor ihm, in der man auf sein Wort zu hören vermag, - eine Ruhe, die Raum lässt, ihn zu loben und zu ehren und von ihm gestärkt, sich neuen Aufgaben zuzuwenden.

Gott ruhte aus von allen seinen Werken. Er konnte die Arbeit auch einmal Arbeit sein lassen und für sich die Ruhe und Stille des Sabbats aushalten. Dazu sind auch wir eingeladen, denn eine solche Ruhe möchte uns die Augen öffnen für das, was Gott an uns tut und was er von uns erwartet. Sie öffnet uns die Augen für das, wofür wir Gott danken und ihn rühmen können. Möge uns jeder Sonntag doch einige, ja viele solcher Minuten der Stille bringen, so dass wir in die Lage versetzt werden, Gott von Herzen zu loben und zu preisen über dem, was er an uns allen getan hat und immer wieder neu tut und einstimmen in den Satz „Und siehe, es war/ist sehr gut.“

„Der Mensch – Gottes Ebenbild und Stellvertreter."
Gedanken zu 1. Mose (Genesis) 1,26-2,4

Wer bin ich? Woher komme ich? Wozu bin ich? Das sind die Grundfragen unseres Lebens. Sie brechen auf in der Zeit, in der wir unserer selbst bewusstwerden, - in der Pubertät nämlich, - in der Zeit also, in der so vieles in einem Menschen in Wallung gerät und man nach seinen Wurzeln und dem Sinn allen Seins, aber auch des eigenen Lebens fragt.

Auf diese Grundfragen des Lebens gibt die Bibel ganz ungefragt eine Antwort. Gott tritt in den Blick. Nachdem Himmel und Erde geschaffen sind und ihre Ordnung erhalten haben und es Pflanzen und Tiere auf der Erde gibt, hat man den Eindruck, die Schöpfung ist fertig, aber das I-Tüpfelchen fehlt noch, - das Besondere, das sich vom Alltäglichen abhebt. Und mit einem Mal, so scheint es, geht ein Leuchten über Gottes Gesicht, das er in die Worte fasst: „Lasst uns Menschen machen, ein Bild, das uns gleich sei, die da herrschen über die Fische im Meer und über die Vögel unter dem Himmel und über das Vieh und über alle Tiere des Feldes und über alles Gewürm, das auf Erden kriecht."
Der Mensch, ein Geschöpf zwar, aber als Geschöpf ein Gott gleichwertiges Wesen, sein Ebenbild betraut mit der Herrschaft über die gesamte Tierwelt. Damit weist ihm der biblische Schöpfungsbericht einen anderen Stellenwert zu als die Evolutionstheorie. Nach ihr ist der Mensch nur eine bestimmte Ausprägung der tierischen Entwicklung, als Spitze der Auslese irgendwie ein Zufallsprodukt. Dem würde die Bibel so nicht zustimmen. Der Mensch, so zeigt der Schöpfungsbericht, ist das Produkt eines bewussten Schöpfungshandelns Gottes. Gott wollte mit ihm eine Entsprechung seiner selbst auf der Erde schaffen, eben ein Ebenbild, einen Abglanz seiner Selbst. Entsprechend formuliert ein Liedvers „Vergiss es nie: Dass du lebst, war keine eigene Idee, … Du bist gewollt, kein Kind des Zufalls, keine Laune der Natur, ganz egal ob du dein Lebenslied in Moll singst oder Dur. Du bist ein Gedanke Gottes, ein genialer noch dazu. Du bist du ... Das ist der Clou, ja der Clou: Ja, du bist du." Besser kann

man es kaum ausdrücken. Wir sind gewollt, - zunächst von unseren Eltern, die sich ein Kind gewünscht haben, aber vielmehr noch von Gott. Er hat uns im Mutterleibe geschaffen und ins Leben gerufen, so wie er einst den Menschen geschaffen als sein Ebenbild. Was damals galt, gilt heute noch: Auch wir sind Gottes Ebenbild. Das macht den Wert unseres Lebens aus. Wir sind von Gott gewollte Menschen, - jede und jeder Einzelne. Sein Schöpferwille ist es, dass wir sind, - nicht primär der Wunsch unserer Eltern.

Aus dieser Herkunft und Daseinsbestimmung folgt nun auch unser Auftrag, das Wozu unseres Seins. Gott hat uns geschaffen, um zu herrschen. Die gesamte Tierwelt hat er seinem Menschen untergeordnet. Er darf auf Erden sein Stellvertreter sein. Eine Vertrauensstellung hat er ihm damit eingeräumt. Er wird an die Spitze der Schöpfung gestellt und zu ihrer Krone gemacht. Indem er ihn zu seinem Stellvertreter auf dieser Erde gemacht hat, hat er ihm die Schöpfung und mit ihr die Tierwelt aber nicht auf Gedeih und Verderb ausgeliefert. Sie wird nicht seiner Jagdlust und seiner Willkür anheimgegeben, denn der Mensch erhält alle samentragenden Pflanzen zur Speise und alle Bäume, die Früchte tragen. Gott hat seine Menschen, wenn man so will, als Vegetarier gedacht. Damit ist es eine friedliche Schöpfung, die uns hier vor Augen gestellt wird, - keine, in der Mord und Todschlag regieren.
Indem der Mensch aber von Gott aufgefordert wird, fruchtbar zu sein und die Erde zu füllen und sie sich untertan zu machen, darf er sich die Tierwelt zu dienstbaren Geistern machen. Insofern darf er entsprechend Gottes Willen über sie herrschen, sie sich untertan machen, aber als Mitgeschöpf und damit als Gleicher unter Gleichen. Als solcher ist er Gottes Stellvertreter. Er soll auch den Tieren gegenüber, die er sich untertan machen darf, Gottes Ebenbild sein. Das verleiht ihm einerseits Autorität, verpflichtet ihn andererseits aber auch zu einem rücksichtsvollen Umgang. Als Primus inter pares und Gottes Stellvertreter soll er an der Schöpfung handeln. In seiner Würde liegt also auch eine Verpflichtung.

Diese Verpflichtung gilt nun nicht nur für die belebte, sondern auch die unbelebte Natur. Die gesamte Erde mit all ihren Facetten ist ein uns anvertrautes Gut. Wir dürfen forschen und sie uns zunutze machen, aber so, dass auch folgende Generationen in ihr und von ihr leben können. Gott hat uns einen Verstand und einen Forschergeist gegeben. Das Forschen ist also kein Übergriff und der Fortschritt nichts Teuflisches. Beides ist uns Menschen von Gott ausdrücklich erlaubt, ja aufgetragen. Aber wenn das Untertanmachen in Raubbau ausartet und in Zerstörung, dann werden Grenzen überschritten. Zur Verantwortung eines Herrschers gehört nämlich auch, dass er nicht alles tut, was möglich ist, sondern nur was gut ist.

Als Gott am Abend des sechsten Tages sein Werk betrachtete, lautete sein Urteil: Sehr gut. Es war alles wohl geordnet. Deshalb gönnte er sich den siebten Tag als Ruhetag und stellte ihn unter seinen Segen.

Dieser Rhythmus von Arbeit und Ruhe soll auch unser Leben prägen und uns zur Freude, zum Staunen und Danken führen. Wir sollen uns nicht zu Tode hetzen, sondern immer wieder innehalten, Kraft schöpfen und ruhen. Letzteres ist ein besonderes Geschenk in unseren Tagen, eilen doch viele von einem Event zum anderen und nutzen die freie Zeit nicht zur Erholung, sondern füllen sie mit so vielerlei Aktivitäten, dass daraus der berühmt berüchtigte Freizeitstress entsteht, der viele oft mehr auslaugt und fordert als der normale Alltag. Als Gottes Ebenbild und im wahrsten Sinn des Wortes Herrscher von Gottes Gnaden sollen wir aber wenigstens einmal in der Woche zur Ruhe finden, - zu einer Ruhe vor Gott, die uns in die Lage versetzt, die Prioritäten neu zu überdenken und das Wichtige und Wesentliche vom Unwichtigen und Nichtigen zu unterscheiden, um so das Leben in seiner ganzen Fülle zu empfangen.

„Der Mensch – von Gott geschaffen und mit dem Paradies betraut.“

Gedanken zu 1. Mose (Genesis) 2,4-15

Ein zweites Mal berichtet die Bibel von der Schöpfung und setzt dabei das Hauptaugenmerk auf den Menschen, seinen Lebensraum und seine Aufgabe, - einem Wunder ohnegleichen. Doch zuvor wird uns der Urzustand von Himmel und Erde beschrieben. Ohne Regen gleicht sie einer trostlosen Ödnis. Kahl, ohne Bewuchs und damit ohne Leben ist sie. Dann aber beginnt Gott sein Werk, nicht mit einem Platzregen oder einem sonstigen gewaltigen Wetterphänomen, sondern sanft und behutsam. Ein Nebel steigt auf und feuchtet die Erde. So wird sie schöpfungsbereit. Es bedurfte nur einer kleinen Initialzündung und aus der trostlosen Öde wird fruchtbares Land. Die erste Frucht ist hier aber der Mensch, Gottes Erstlingswerk, nicht Pflanzen oder Tiere. Staunend und ehrfurchtsvoll wird uns das im 2. Kapitel der Bibel erzählt, - geradezu anbetend. Gott hat unsere Welt geschaffen samt allem, was in ihr ist. Der Mensch aber war ihm besonderer Mühe wert.

Aus ganz normaler Erde bildete Gott ihn, so wird berichtet. Doch das macht ihn noch nicht besonders. Besonders wird er durch den Lebensodem, den Gott ihm einhaucht. Gott hat also nicht nur Himmel und Erde geschaffen und sich dann zurückgezogen, weil er in Ruhe gelassen werden wollte. Nein, er wirkt in dieser Welt weiter und setzt neue Höhepunkte. Der Mensch ist dabei sein Meisterwerk. So vieles ihn auch mit der sonstigen Schöpfung verbinden mag, er bleibt ihr gegenüber doch deutlich herausgehoben.
Ich denke, dies ist ein Punkt, den wir uns alle gesagt sein lassen sollten, allen Theorien zum Trotz, die im Menschen nur eine Gattung der Primaten sehen wollen, - ein Wesen, das sich durch Zufall so herausgebildet hat, wie wir es kennen. Demgegenüber möchte ich mit diesem Bibeltext festhalten: „Gott hat uns Menschen geschaffen als eine lebendige Seele.“ Er war ihm so wichtig, dass er selbst Hand anlegte, ja sich die Hände dabei sogar schmutzig machte, als er ihn aus der Erde gestaltete.

Dieser Mensch war ihm so wichtig, dass er ihm sogleich auch einen ganz besonderen Lebensraum schuf. Alles sollte ihm dort zur Verfügung stehen und ihm das Leben angenehm machen. Der Mensch, dieses Juwel der Schöpfung, sollte es guthaben. Er sollte alles haben, was er brauchte. In wahrhaft paradiesischen Verhältnissen sollte er leben dürfen. Mit diesem paradiesischen Lebensraum gab Gott seinem Menschen auch seinen Lebensunterhalt. Gott sorgte für seinen Menschen vom ersten Augenblick an. Doch dieser paradiesische Garten mit seinen Köstlichkeiten war nicht als ein Ort der Faulenzerei und Untätigkeit gedacht.

Nein, nachdem Gott den Menschen in diesen Garten gesetzt hatte, übertrug er ihm dafür auch die Verantwortung. Ihn zu bebauen und zu bewahren wurde ihm als Aufgabe zugewiesen. Indem Gott zum Bebauen das Bewahren hinzufügte, grenzte er das menschliche Tun allerdings etwas ein. Dem Menschen wurde zwar erlaubt, in königlicher Freiheit in Gottes Schöpfung einzugreifen und sie nach seinen Ideen umzugestalten, - er wurde zum Mitschöpfer berufen - aber er sollte, so könnte man sagen, mit diesem Garten ebenso sanft und behutsam umgehen wie Gott, als er sein Schöpfungswerk begann. Raffen und horten war also nicht angesagt, denn er hatte, was er brauchte, und zwar für jeden neuen Tag. Über diesen Garten war für sein tägliches Brot gesorgt. Damit war er aller Sorgen ums tägliche Überleben enthoben und konnte sich der Hege und Pflege der Schöpfung widmen sowie ihrer Gestaltung und Nutzung. Das Paradies steht also nicht für permanenten Urlaub und Nichtstun. Das gilt es sich immer wieder neu ins Bewusstsein zu rufen. Nicht ein aufgabenloses Leben ist der Idealzustand, sondern ein fürsorgendes, gestaltendes und bewahrendes Leben.

Angeleitet von diesem Bibelabschnitt kann, darf, ja muss man über die Schöpfung im Allgemeinen staunen, aber auch und vor allem über das Leben im Besonderen. Es gehörte ja nicht von allem Anfang mit dazu. Erst als Wasser zu fließen begann, regte es sich. Pflanzen begannen zu sprießen.
Was in diesem Text mit so einfachen Worten beschrieben wird, ist ein einziges Wunder. Man muss nicht unbedingt Naturwissenschaftler sein, um über dem Reichtum der

Schöpfung ins Schwärmen zu geraten. Ein Spaziergang mit offenen Augen und Ohren reicht aus, um ein Gespür für die Vielfalt der Pflanzen und Tiere zu bekommen und einen Blick für die zahllosen Fähigkeiten, die jedem Lebewesen eigen sind. Das alles hat Gott geschaffen auf eine geradezu spielerische Weise. Darüber zu staunen, - dies dankbar und anbetend zur Kenntnis zu nehmen, dazu sind wir eingeladen.

Doch wenn ich dies so sage, höre ich schon, wie sich mancher Widerspruch regt. „Das ist Volksverdummung oder einfach nur Dummheit. Die Naturwissenschaften lehren uns doch anderes." Gewiss, sie stellen viele Theorien auf. Sie geben uns manchen Einblick in das Geschehen der Schöpfung. Gott hat uns manches entdecken und verstehen lassen, was frühere Generationen so noch nicht kannten. Doch wozu hat es geführt? Entsprechend der naturwissenschaftlichen Tradition führte dies zu der These bzw. Theorie, die Welt sei aus sich heraus entstanden. An Gottes Stelle trat der Zufall, durch den unsere Welt über viele Irrungen und Wirrungen hindurch, man nennt es Auslese, entstanden sei.

Ich möchte gewiss gerne bei unseren Naturwissenschaftlern lernen. Doch ich möchte in ehrfurchtsvollem Staunen über Gottes Größe und Schöpfermacht lernen. Vor diesem Hintergrund gehören für mich manche der naturwissenschaftlichen Theorien in den Bereich der Vermutungen, die krampfhaft Gott überflüssig machen möchten. Sie teilen mit dem Schöpfungsbericht der Bibel die Tatsache, dass bei der Schöpfung keiner dabei war. Wesentliche Geschehnisse liegen unbestritten vor jeder menschlichen Existenz.

Aus diesen und anderen Überlegungen heraus, denke ich, sollten wir Gott nicht den Laufpass geben, sondern ihn als den Schöpfer des Himmels und der Erde weiter in Betracht ziehen, - nicht nur formal im Glaubensbekenntnis, sondern auch in unserem Herzen. Und das, was uns unsere Naturwissenschaftler an Einblicken möglich machen, ist zwar unbestreitbar von ihnen entdeckt worden, aber nicht mehr. Dabei ist genau auf den Wortlaut zu achten. Entdecken, aufdecken kann man nämlich nur, was längst da ist, - was man bisher aber noch nicht richtig gesehen hat, weil es einem vielleicht zu selbstverständlich war oder zu kompliziert. Jede Entdeckung, davon bin ich überzeugt, lässt uns etwas von Gottes Schöpfertun erkennen. Blickt man auf die Schöpfung, ist kein Blick auf einen Selbstläufer und auch kein Blick auf ein wie auch immer geartetes Zufallsprodukt. Nein, wir leben inmitten von Gottes Schöpfung, deren Geheimnisse wir mit Gottes ausdrücklicher Erlaubnis immer ein wenig mehr lüften dürfen. Der Mensch soll und darf sich ja die Erde untertan machen, wie im 1. Kapitel der Bibel zu lesen ist. Forschen und Entdecken steht also nicht in Konkurrenz zum Glauben, sondern ist uns von Gott höchst selbst aufgetragen. Es soll uns in die Lage versetzen, mehr und mehr seiner Spuren sichtbar zu machen.

Was dem ersten Menschen als Auftrag gegeben wurde, gilt bis heute. Der erste Mensch hat den Stab an uns weitergereicht. Nun sollen wir uns die Erde untertan machen. Auch unser Lebensraum ist ein Geschenk Gottes, in dem wir uns bewegen und entfalten sowie unseren Lebensunterhalt finden sollen. Da aber das Bebauen und Bewahren auf vielen Ebenen in ein Ausbeuten umgeschlagen ist, haben die paradiesischen Zustände arge Blessuren abbekommen. Deshalb tut Umkehr not. Als Gott verantwortliche Menschen sollen wir mit dem uns zu gewiesenen Lebensbereich verantwortlich umgehen, d.h. ganz neu das Bebauen und Bewahren lernen und praktizieren, - der Sünde und allen Schwierigkeiten, die daraus folgen, zum Trotz. Damit wir diesen Erwartungen gerecht werden können und nicht von einer Ausweglosigkeit in die nächste fallen, ist uns Jesus, der Sohn Gottes, als Helfer auf diesem Weg gegeben. Sein Leiden und Sterben soll uns, wie es ein Kirchenvater einmal ausdrückte, zu einer Medizin fürs Leben werden. Das verlorene Paradies können wir mit unserer menschlichen Kraft zwar nicht zurückerobern, aber wer an Jesus glaubt, der soll nach dem Tod daran teilhaben können.
Bis dahin aber sollen wir uns als Gottes Kinder, - als Menschen, die hier auf dieser Erde Gottes Willen tun, bewähren und so in unserem Lebensumfeld wenigstens einen Hauch vom Paradies Wirklichkeit werden lassen. Möge Gott uns dazu Weisheit, Kraft und seinen Segen schenken.

„Sie hatten alles, aber es reichte ihnen offenbar nicht.“
Gedanken zu 1. Mose (Genesis) 3,1-19

Der Bericht vom Sündenfall ist eine altbekannte Geschichte. Eine heile Welt war es, in der Adam und Eva lebten. Sorgen waren ihnen unbekannt. Sie konnten, wenn man so will, lustig und in Freuden leben, - gewissermaßen in einer Villa Sorgenfrei. Doch wie sagt das Sprichwort, „wenn es dem Esel zu wohl wird, geht er aufs Eis,“ oder auf unsere Geschichte übertragen, er wird empfänglich für allerlei Nebensächliches bzw. will noch mehr. „Werden wie Gott“ ist hier das versucherische Zauberwort, das die Schlange ins menschliche Denken einbringt. Den beiden Menschlein wird suggeriert, sie könnten ganz einfach die eigenen Grenzen überspringen und eine höhere Daseinsstufe erreichen. Sie müssten nur von der Frucht des Baumes mitten im Garten essen, sonst nichts. Auf den ersten Blick, eine Bagatelle, - auf den zweiten ein eklatanter Verstoß gegen das einzige Gebot, das Gott dem Menschen auferlegt hatte. Ja, so ist es oft im Leben. Nur eine Kleinigkeit scheint es zu sein, die einem noch fehlt und weiterbringt. Eine Kleinigkeit, die man sich leisten kann, - ein Kavaliersdelikt. Man überschreitet kurz eine Grenze und schon hat man das ersehnte Ziel erreicht. Um sich zu solch einem Schritt zu entschließen, muss es nicht immer eine Schlange sein, die einem ins Ohr säuselt, ihr werdet sein wie Gott. Solche Ohrflüsterer gibt es in unserer Welt zuhauf, - Stimmen, die Grenzüberschreitungen klein reden und verharmlosen, indem sie einem Großes versprechen.

Doch überschreitet man die Grenze, kommt es schnell zum großen Erwachen, oder sollte man besser sagen, zum bösen Erwachen? Plötzlich entdecken Adam und Eva nämlich ihre Nacktheit. Sie beginnen sich voreinander zu schämen. Ihnen wird bewusst, wie schutzlos und angreifbar sie sind, - eben nicht wie Gott, sondern nur Menschen und als solches Gottes Geschöpfe. Ihnen wird bewusst, diesem Gott, der uns geschaffen hat und mit dem wir so vertraut waren, können wir so nicht mehr unter die Augen treten. Damit beginnt ihre große Verwandlung. Hastig machen sie sich ein

paar Kleider, um so ihre Nacktheit zu verbergen. Sie wollen sich nicht mehr schämen müssen. Auch wenn sie kein Wort gesagt hätten, diese Verwandlung konnte Gott nicht verborgen bleiben.
So ist es bis heute. Die Sünde, selbst wenn sie noch so klein zu sein scheint, verändert uns. Sie macht aus uns andere Menschen. Sie ist darauf angelegt bzw. führt zu dem Ergebnis, sie verbergen zu wollen. Aber dies verbergen wollen, kann man uns, wenn man so will, an der Nasenspitze ansehen. Bezeichnend dafür ist, dass wir nicht mehr in der Lage sind, unserem Gegenüber in die Augen zu sehen. Und so beginnt das große Verstecken, um der unangenehmen Begegnung mit dem Hintergangenen aus dem Wege zu gehen. Ich denke, wir alle haben hier so unsere Erfahrungen, selbst wenn wir uns im Vertuschen und Verbergen eine gewisse Routine angeeignet haben sollten, denn auch ein routinierter Umgang führt zu Veränderungen. Unser Inneres, unser Gewissen, ob wir es als schlecht bezeichnen oder nicht, reagiert darauf und veranlasst uns, unser Handeln umzustellen, damit das ganze System am Ende wieder passt. Jedes hier aus der Runde mag es am eigenen Verhalten einmal überprüfen. Die Sünde, der Verstoß gegen Gottes- oder Menschengebot, hat seine Konsequenzen, - menschliche Konsequenzen, Konsequenzen im Miteinander. Und die erste dieser Konsequenzen ist, dass man seine Schuld nicht an sich herankommen lassen, sondern verbergen möchte. Der einfachste Weg, sich selbst reinzuwaschen, ist der, andere für das eigene Versagen haftbar zu machen. Der berühmte Finger, mit dem wir nach anderen zeigen, kommt da zum Einsatz.

Doch Gottes Reaktion zeigt, dass das keine Lösung ist. Jeder ist für sich und sein Tun selbst verantwortlich. Gott hat uns einen Kopf zum Denken und damit auch zum Überprüfen unseres eigenen Handelns gegeben. Das wird keinem abgenommen. Mit dem Finger nach anderen zeigen, hilft da nichts. Deshalb bekommt nach dem Bericht vom Sündenfall auch jedes seine ganz individuelle Strafe und zu alledem einen Platzverweis. Gott trennt sich von den Sündern. Ihr Platz ist fortan außerhalb des Paradieses. Das ist unsere Situation bis auf den heutigen Tag. Auch wenn Gott uns immer noch im Auge behält, geschieht es seither nur verdeckt. Denn wir können nicht mehr so sorglos und unbeschwert mit Gott durchs Paradies wandern und uns mit ihm unterhalten, wie es uns von Adam und Eva berichtet wird. Nein, Gott ist für uns zu einem verborgenen Gott geworden und manche Lebensführung steht unter der Frage nach dem „Warum?“. Ja, die Sünde hat unsere Welt und unser Menschsein verändert. Der Tod hat Einzug gehalten, und das Leben ist manches Mal zu einem Rätsel geworden, - nicht nur der eigenen Sünde wegen, sondern auch der der anderen wegen, die ja zuweilen auch auf unser Leben zurückschlägt und dort ihre Folgen hat. So wurde das Streben nach Mehr ganz unter der Hand zu einem Weniger. Der Mensch hat durch seinen Ungehorsam Gott gegenüber mehr verloren als gewonnen.

Dieser Stempel, der durch den Sündenfall unserer Welt aufgedrückt wurde, soll nun aber nicht das Letzte sein. Denn die Sünde hat bei Gott noch eine andere Konsequenz gehabt, als nur die Menschen mit einer Strafe zu belegen und aus dem Paradies zu verweisen. Am Ende sandte er nämlich seinen Sohn und legte unsere Schuld auf ihn, um uns ganz neu Frieden zu schaffen. Das Kirchenjahr mit seinen Festen möchte uns daran immer wieder erinnern. Gott ruft uns. Wie ein Hirte geht er dem Verlorenen nach und eröffnet ihm neue Möglichkeiten. Gott ruft uns zu sich und durch Jesus, seinen Sohn, zu einem neuen Anfang.
Ergreifen wir doch seine Hand und hören auf seine Stimme, denn er will uns den Weg zum Leben führen, - den Weg zum Heil und damit zurück ins Paradies.

„Der Bruder – ein Stein des Anstoßes."
Gedanken zu 1. Mose (Genesis) 4,1-16

Was ist das für eine Welt, in der wir leben? Bereits der 3. Mensch, von dem wir in der Bibel hören, erschlug seinen Bruder. Im Amtsdeutsch der Juristen müsste man sagen: Mord aus niedrigen Beweggründen. Verletzter Stolz und in der Folge Neid waren die Ursachen. Der verletzte Stolz setzt eine ganz unheilvolle Kettenreaktion in Gang. Zorn und Grimm bemächtigen sich Kains. Sein Blick wird finster, so dass sogar Außenstehende merken, mit dem stimmt etwas nicht. Man spürt es regelrecht, wie sich hier Unheilvolles zusammenbraut. Es arbeitet in ihm und schreit nach Rache. Das ganze Arsenal an Hinterlistigkeiten und Hinterhältigkeiten ist aktiviert und sucht sein Opfer und mit ihm Genugtuung.
Kain – ein Paradebeispiel für uns Menschen, - für unser Naturell, - unsere Beschaffenheit, die dann in einem unbeobachteten und unbedachten Augenblick die Welt und mit ihr das eigene Leben verändert, und zwar grundlegend und unwiderruflich. Jede und jeder von uns mag hier einmal im eigenen Leben blättern und sich entsprechende Situationen vor Augen führen. Jeder hat da so seine Lebenserfahrung. Seit den Tagen des Anfangs hat sich daran nichts verändert. Und das, obwohl alles so schön und harmonisch beginnt bzw. begonnen hat. Jeder hat nämlich zunächst einmal ein sauberes, makelloses, unbeschmutztes Leben erhalten, das nichts Böses vermuten lässt, - ähnlich wie am Anfang unseres Textes, wo von der Geburt der beiden Kinder Kain und Abel und ihrer Berufswahl erzählt wird. Alles in bester Ordnung möchte man meinen bis zu dem Augenblick, wo es zu einer wie immer gearteten Bewertung Dritter kommt, -einer Bewertung, für die es keine Erklärung gibt. Denn wie soll man Gnade erklären und bewerten oder Zuneigung, Wertschätzung, Sympathie? Sie ist da oder auch nicht. Die Gründe sind subjektiver Art. Aber dürfen sie der Grund sein, einem anderen nach dem Leben zu trachten, - es zu zerstören?
Betrachten wir uns doch im Spiegel des Kain. Zurücksetzungen schmerzen gewiss, wenn wir sie bewusst erleben und erfahren so wie in unserem Beispiel. Aber ist es eine Lösung, wenn wir die oder den, die uns zur Anfechtung werden, aus dem Weg

schaffen? Es ist ja nicht so, dass Gott dies verborgen geblieben wäre. Der, der bis auf den Grund unseres Herzens zu sehen vermag, spricht den, der sich hier von ihm zurückgesetzt fühlt an, - macht ihn auf die drohende Gefahr aufmerksam, fragt nach dem Warum, bietet ihm also ein Gespräch an und fordert ihn auf, der Sünde Paroli zu bieten. In meinen Augen eine ganz entscheidende Situation. Wir laufen nicht ungemahnt ins Messer unserer eigenen Empfindlichkeiten, so dass es am Ende heißen könnte, es ist eben geworden, wie es geworden ist. Ich bin vielmehr sicher, dass Gott auch uns ein ums andere Mal in den Weg tritt, uns anspricht und das Gespräch anbietet, aber auch uns auf die vor unserer Tür lauernde Sünde aufmerksam macht und uns zur Zurückhaltung mahnt. Oft aber, viel zu oft machen wir's dann wie der Kain: Wir hören, nehmen zur Kenntnis oder auch nicht und gehen auf Gottes Gesprächsangebot nicht ein. Wir lassen ihn eben reden, ohne auf ihn zu hören.

Und dann kommt es, wie es kommen muss, - nämlich zur alles zerstörenden Tat. Unmittelbar nach Gottes Ansprache heißt es bei Kain: „Lass uns aufs Feld gehen." Und dort schlug er seinen Bruder tot, - schuldlos tot. Denn Abel konnte ja wirklich nichts dafür, dass Gott sein Opfer gnädig ansah, - oder? Nach dem Warum hätte Kain Gott fragen können, als dieser ihn ansprach. Die Gelegenheit dazu war gegeben. Für mich ist dies eine ernsthafte Mahnung, nicht gleich loszuschlagen, sondern sich mit Gott auseinander zu setzen, um zu erfahren, warum er sich so und nicht anders verhalten hat. Vielleicht bekämen wir dann ganz schnell ein neues Verhältnis zu Gott, ein Verständnis für sein Verhalten und einen Blick für uns selbst. Manche Klage und Beschwerde, die man heute Gott gegenüber äußert samt dem Vorwurf, dass er so viel Unerklärliches zulässt, wäre dann möglicherweise gegenstandslos. Doch Kain schweigt und handelt und wird darüber zum Mörder. Und wir? Schweigen wir auch und begehen danach ein Unrecht nach dem anderen? - nicht unbedingt einen Mord, so wie in unserem Text. Aber man kann ja auch jemandem schaden in Gedanken, mit Worten, mit kleinen und großen Sticheleien und anderem mehr, - ja, ihn sogar töten. Man denke nur an Worte wie: „Du bist für mich gestorben."

Als es geschehen war, stellt Gott Kain zur Rede. Der aber reagiert arrogant und herablassend. Er hat den Grund seines Ärgers beseitigt und nun scheint alles in Ordnung zu sein. Es ist keiner mehr da, der ihm seinen Rang streitig machen könnte, meint er, bis Gott ihn entlarvt und ihn samt allem, was ihm wichtig ist, verflucht. Damit scheint er nicht gerechnet zu haben.
Auch heute gibt es viele, die diese Möglichkeit überhaupt nicht im Blick haben. Alles wird im zwischenmenschlichen Bereich geregelt und, wenn es sein muss, mit Gewalt gelöst. Doch unser Text macht deutlich, dass dies nicht die ganze Wahrheit ist. Gott beansprucht ein Mitspracherecht. Er ist der Hüter der Sprachlosen, der Hilflosen, der Entrechteten. Er hat das Leben unter seinen Schutz gestellt und schützt es auch noch im Tod. Für Kain eine ganz neue Erfahrung. Vielleicht auch für uns, in einer Welt, in der das Leben immer weniger zu gelten scheint. Man denke nur an dem Umgang mit alten Menschen oder an die, denen man ganz das Leben verwehrt, indem sie abgetrieben werden oder in den Kriegs- und Krisenregionen, wo man tote Zivilisten zu Kollateralschäden erklärt, sei es, dass sie zwischen die Fronten geraten oder auf dem Meer ertrinken müssen. An anderer Stelle nimmt man Hunger billigend in Kauf, um anstatt Lebensmittel zu produzieren, lieber auf lukrativere erneuerbare Energien zu setzen und Mais für Biogasanlagen zu produzieren und manch anderes mehr. Auch wenn unser Gott im Augenblick noch ein Gott ist, der sich im Verborgenen hält, er ist nicht abwesend, sondern im Verborgenen durchaus präsent und ein Hüter des Rechts und des Lebens, - damals wie heute. Entsprechend reagiert er am Ende auch. Wie wäre es, wenn wir all das, was wir anderen mehr oder weniger billigend zumuten, einmal selber durchleben müssten?

Kain begreift mit einem Mal: Ich habe alles verloren. Ich bin am Ende, - und das zu Recht. Denn er hat sich an Gott und seinem Bruder versündigt. Von seiner Arroganz und Selbstherrlichkeit ist nichts mehr zu spüren. Er kann Gott gegenüber nur noch seine Nichtigkeit eingestehen und klagen.
Vielleicht haben auch wir schon einmal eine solche Situation erlebt, in der wir erkennen mussten: Ich bin eine gescheiterte Existenz, - gescheitert durch mein eigenes

Fehlverhalten. Was mir an Strafe auferlegt wird, ist gerecht, auch wenn es mich um meine gesamte Zukunft bringt. Und dann? Was ist dann an diesem Nullpunkt menschlicher Existenz? Ist dann alles aus, - aus und vorbei??

Kain darf mit einem Mal die ganz andere Seite Gottes erleben, - seine Gnade und Treue, - sein Herz für das Leben auch dieses zum Brudermörder gewordenen Kains. Mit einem Mal schützt er ihn und gibt ihm neue Zukunft. Auch Kain, der Mörder, ist kein Freiwild.

Was diese Gnade bedeutet, dürfen wir als Christen noch von einer ganz anderen Seite her erleben. Denn welche Verfehlung man uns auch vorwerfen mag, auch wir haben ein Gnadenzeichen, an dem wir uns halten dürfen, - nicht selbstbewusst und arrogant, sondern in der Demut dessen, der auf Gnade angewiesen ist, - nämlich das Kreuz Christi. Es wurde aufgerichtet zum Heil der Welt, - für die, die mühselig und beladen sind, die mit dieser Welt und ihrem Leben fertig sind. Sie alle, wir alle sollen Zukunft und Hoffnung haben, wenn wir uns von Gott dieses Zeichen mit auf den Weg geben lassen und mit ihm die Zusage seiner Liebe, die nun und immer wieder neu unser Leben prägen will. Möge Gott uns den Trost seines Wortes schenken und die Kraft seiner Liebe, sodass wir in der Lage sind, in einem neuen Leben zu wandeln.

„Der Mensch – Gottes große Enttäuschung und die Ankündigung seines Gerichts.“

Gedanken zu 1. Mose (Genesis) 6,5-22

Ist es nicht deprimierend, was zu Beginn dieses Bibelabschnitts berichtet wird? Gott zieht Bilanz und dabei wird ihm sein Mensch zu einer einzigen Enttäuschung. „Er sah,“ so heißt es, „dass der Menschen Bosheit groß war auf Erden und alles Dichten und Trachten ihres Herzens nur böse war immerdar.“ Was für ein Gegensatz zu seinem ersten Fazit nach Abschluss der Schöpfung. „Und siehe, es war sehr gut,“ hatte es gelautet. Nun aber ist alles zerstört, - zerstört durch den Menschen, die Krone seiner Schöpfung. Sein Meisterstück hatte sich anders entwickelt als erwartet. Der Satan und durch ihn die Sünde offenbarte am Menschen ihre gesamte Zerstörungskraft. Das Gute war dem Bösen gewichen. Was sollte man damit noch anfangen?

„Es reute Gott,“ so lesen wir weiter, „dass er die Menschen gemacht hatte auf Erden, und es bekümmerte ihn in seinem Herzen und er sprach: Ich will die Menschen, die ich geschaffen habe, vertilgen von der Erde, vom Menschen an bis hin zum Vieh und bis zum Gewürm und bis zu den Vögeln unter dem Himmel; denn es reut mich, dass ich sie gemacht habe.“ Gott bereut seine Schöpfung, und was dabei besonders auffällt und schmerzt, das Gericht sollte nicht nur den Menschen, der aus dem Ruder gelaufen war, treffen, sondern alles Leben auf der Erde mit in den Tod reißen. Gott konnte sich wegen des Menschen nicht mehr am Leben in seiner Vielfalt freuen. Die Krone seiner Schöpfung, der Mensch, hatte ihm alle Freude genommen.
Können wir das nachempfinden? Da hat man sich beispielsweise mit seinen Kindern besondere Mühe gegeben, hat seine Freude an ihnen, doch plötzlich gehen sie ihre eigenen Wege und wenden sich von dem ab, was einem besonders wichtig und wertvoll ist. Ja, sie verhalten sich so, als würden sie einen nicht mehr kennen, bringen Hab und Gut durch, kommen gar mit dem Gesetz in Konflikt, und dann? In solchen Situationen kann einen auch Reue überkommen ausgelöst durch eine abgrundtiefe Enttäuschung über deren Lebenswandel. Es hatte alles so gut, ja sehr gut begonnen,

und nun? Auch Menschen können da zu sehr radikalen Entscheidungen kommen und ihre Form von Gericht in Gang setzen.

Doch mitten in der Enttäuschung über all das Böse taucht plötzlich ein Lichtstrahl auf: Noah nämlich, von dem der Text festhält: Er fand Gnade vor dem HERRN. Warum? Nun, Noah war ein frommer Mann und ohne Tadel zu seinen Zeiten; er wandelte mit Gott. Noah war also einer, der sich von der breiten Masse abhob. Ein Einzelgänger und Sonderling möchte man meinen, für Gott aber einer, der ihn innehalten ließ. Die Erde war zwar verderbt vor Gottes Augen und voller Frevel, aber der eine stand für die Hoffnung, dass doch nicht alles umsonst war. Es ist erstaunlich, wie genau Gott hinschaut. In diesem Meer von Bosheit findet er doch noch das Körnchen an Gutem, das die Mühe lohnt.
Schauen wir auch so genau hin wie Gott? Wo sind die Körnchen und Menschen, für die sich in unseren Augen die Mühe lohnt? Können wir es wie Gott wertschätzen, dass es da einige gibt, die den Weg des Glaubens nicht verlassen haben? Gehören wir zu ihnen oder ist es eher so, dass wir von der Bosheit rings um uns immer weiter unterspült werden und uns in der breiten Masse zu verlieren drohen? Auch wenn der Weg in der Nachfolge von vielen nur belächelt wird, Gott nimmt ihn wahr und lässt sich davon anrühren.

Und so nimmt er mit Noah Kontakt auf und gibt ihm einen Auftrag, nachdem er ihn in seine Pläne eingeweiht hat. „Das Ende allen Fleisches ist bei mir beschlossen," lässt er ihn wissen, „denn die Erde ist voller Frevel von ihnen; und siehe, ich will sie verderben mit der Erde." Deshalb „mache dir einen Kasten von Tannenholz und mache Kammern darin und verpiche ihn mit Pech innen und außen." Einen Zufluchtsort soll sich Noah also machen und wasserdicht soll er sein, - die Arche nämlich.
Gott lässt das Gericht also nicht wie einen Blitz aus heiterem Himmel über seine Welt kommen. Nein, er kündigt es an und zeigt den Seinen den Weg, der sie durchs Gericht hindurchführt und bewahrt. Das Gericht selbst wird ihnen zwar nicht erspart, aber sie sollen es an einem von Gott zugewiesenen besonderen Zufluchtsort erleben.

Das gilt damals wie heute. Wir haben es also mit einem Gott zu tun, der für die Seinen auf seine je besondere Weise sorgt. Und diese Fürsorge gilt auch für unsere Mitgeschöpfe. Auch wenn eine Sintflut kommen wird und alles, was auf Erden ist, untergehen soll, so sorgt Gott doch mitten im Untergang für einen Neuanfang.

Zu Noah sagt er: „Mit dir will ich meinen Bund aufrichten, und du sollst in die Arche gehen mit deinen Söhnen, mit deiner Frau und mit den Frauen deiner Söhne. Und du sollst in die Arche bringen von allen Tieren, von allem Fleisch, je ein Paar, Männchen und Weibchen, dass sie leben bleiben mit dir." Gott geht also mit Noah ein ganz besonderes und inniges Verhältnis ein. Er schließt einen Bund mit ihm und weitet ihn auf seine Familie und je ein Tierpaar aus. Die Treue eines Menschen wird so zum Grundstein eines Neuanfangs in seiner Schöpfung. Diese Treue dokumentiert sich in dem kurzen und doch beeindruckenden Schluss: Noah tat alles, was ihm Gott gebot.

Muss man da nicht den Hut ziehen? Gott kündigt das Gericht an und betraut Noah mit einer großen Aufgabe, und der nimmt sie an ohne Wenn und Aber. Er bittet nicht um etwas Zeit, weil er zuvor noch dieses oder jenes zu erledigen habe. Nein, Noah lässt sich von Gott ihn Dienst nehmen, jetzt, sofort, und stellt seine eigenen Gedanken oder Einwendungen hinten an.
Kann er für uns damit nicht ein Vorbild sein? Gott beauftragt auch noch heute. Hören wir seine Stimme? Stellen wir uns seinen Aufgaben? Hören wir auf sein Wort, dann wird er auch mit uns seinen Bund schließen und uns zum Segen machen für die Menschen, die er uns anvertraut hat.

„Gottes Gedenken setzt dem Gericht ein Ende.“
Gedanken zu 1. Mose (Genesis) 8,1-12

Schön, wenn man sich in Gerichtszeiten an einem sicheren Ort befindet. Wenn das Gericht aber lange dauert, kann man sich dort aber auch eingeengt, vergessen und verloren vorkommen. Nur ein paar Quadratmeter zum Leben können Platzangst verursachen und Panik. Von all dem hören wir in dem vorgegebenen Bibeltext nichts. Man kann es aber erahnen. Doch wie dem auch sei, der Eingangssatz klingt wie eine Erlösung: „Da gedachte Gott an Noah und an alles wilde Getier und an alles Vieh, das mit ihm in der Arche war.“ Endlich, möchte man meinen. Jeder Tag ist in so einem engen Gefährt ein Tag zu viel, der einen grübeln lässt. Schön, wenn man erleben darf: Ich bin nicht vergessen. Es tut sich was, wodurch sich meine Lage zu ändern beginnt. Noah und die Seinen spüren es am aufkommenden Wind und am nachlassenden Regen. Sie sehen zwar von der Wende nichts, aber sie können sie hören und spüren. Und plötzlich kommt es zu einem Ruck. Die Arche hat wieder festen Boden unter dem Kiel. Was für ein Gefühl mag das für Noah und die Seinen gewesen sein. Die Fahrt war zu Ende, wie aber mag es draußen wohl aussehen? Wo waren sie gelandet? Sie können es nicht sehen, sondern nur ausmalen, denn die Arche hatte offenbar nur ein Fenster nach oben, Richtung Himmel, sodass für Noah und die Seinen die Umgebung nicht oder nur schwer einsehbar war. Und hätten sie doch einen Blick darauf werfen können, was hätten sie zunächst einmal zu sehen bekommen außer Wasser und nochmals Wasser?
Solche Zeiten sind uns vielleicht auch nicht unbekannt. Da fühlt man sich in besonders gefahrvollen Zeiten sicher verwahrt und gut aufgehoben, aber zuweilen doch von der Außenwelt isoliert. Man spürt Veränderungen, aber man kann sie nur unvollkommen einordnen. Macht das nicht unsicher und ängstlich? Man fühlt sich, als seien einem die Hände gebunden und dem Schicksal schutzlos ausgeliefert. Als Menschen werden wir durch solche Gefühlslagen in höchste Alarmbereitschaft versetzt. Alle Sinne sind auf Empfang gestellt. Von alledem hören wir in unserem Text nichts, sondern - und das ist bemerkenswert - von der Erinnerung Gottes, von Gottes Gedenken.

Das gibt der gesamten Situation ein ganz neues Vorzeichen. Nicht das berühmt berüchtigte Schicksal kommt da in den Blick und zum Zug, sondern Gott, - und zwar der, mit dem Noah seine ganz persönliche Geschichte hatte. Das, so scheint es, lässt ihn gelassen sein und zuversichtlich. Er kann warten, - warten im Vertrauen zu Gott, - 150 Tage lang, - also fast ein halbes Jahr. Nach weiteren drei Monaten kamen die Bergspitzen zum Vorschein. Noah und die Seinen, so zeigt sich an diesem Bericht, wurden auf eine harte Geduldsprobe gestellt. Gottes Mühlen mahlen wahrhaftig langsam, aber, so weiß das Sprichwort zu berichten, sie trefflich mahlen fein. Ja, wer warten kann und sich auf Gottes Schritttempo einlässt, kann Großes erleben.
Noah, so scheint es, hatte Geduld. Er hatte keine Eile. Er ließ Gott seine Zeit zum Handeln, weil er spürte, dass Gott am Handeln war. Er hatte an ihn gedacht und bereitete nun alles für einen Neuanfang vor. Schließlich aber wurde auch Noah aktiv. Nach vierzig Tagen tat er „an der Arche das Fenster auf, das er gemacht hatte, und ließ einen Raben ausfliegen; der flog immer hin und her, bis die Wasser vertrockneten auf Erden." Danach ließ er eine Taube ausfliegen. Die aber fand nichts, wo ihr Fuß ruhen konnte, und kam wieder zu ihm in die Arche. Das Warten war also noch nicht zu Ende. Auch wenn der Rabe sich irgendwie durchschlug, die hilflosere Taube schaffte es noch nicht alleine.
Erst sieben Tage später machte er einen neuen Versuch mit einer Taube. Die kam zu ihm um die Abendzeit, „und siehe, ein Ölblatt hatte sie abgebrochen und trug's in ihrem Schnabel. Da merkte Noah, dass die Wasser sich verlaufen hätten auf Erden." Weitere sieben Tage später ließ er erneut eine Taube ausfliegen; die kam nicht wieder zu ihm. Jetzt offenbar war die Erde wieder zu einem lebenswerten Ort geworden, an dem Mensch und Tier ein Durchkommen finden konnte.

Bei Gottes Gericht und seinen Folgen heißt es also nicht „Mit einem Wisch ist alles weg." Nein, die Natur braucht ihre Zeit zur Regeneration. Das muss der Mensch lernen und respektieren. Damit muss er umgehen. Auch wenn Gott dem Gericht Einhalt geboten hat und man die Veränderungen wie ein laues Lüftchen zu spüren bekommt, bedarf es einer gehörigen Portion Geduld, bis man wieder aus seinem Schutzraum entlassen wird und die Gestaltung des eigenen Lebens wieder aktiv in Angriff nehmen kann. Nur wer diese Geduld aufbringt, also zum Warten in der Lage ist, wird erleben, wie Gott in der Zwischenzeit wieder die Grundlagen für das Leben schafft. Die Taube mit dem Ölzweig im Schnabel, die als Botin der neu erwachenden Natur zu Noah zurückkehrte, ist uns zum Sinnbild des Friedens und des Neuanfangs geworden. Noah nahm diese Botschaft dankbar und froh auf. Er wusste, die Zeit, wo er die Arche verlassen konnte, war nahe. Er riss aber nicht spontan im Überschwang der Gefühle die Türe auf. Er konnte auf Gottes Geheiß warten.

Möge es auch uns geschenkt werden, dass wir ein Gespür für Gottes Handeln bekommen und bemerken, wie und wo er am Werke ist. Und er mache uns fähig zum geduldigen Warten auf sein Zeichen, durch das er uns signalisiert, wann es an der Zeit ist, selbst Hand anzulegen. Und am Ende lasse er uns seinen Segen in seiner ganzen Fülle sehen und spüren.

„Gott schenkt einen Neuanfang und dazu seinen Segen."

Gedanken zu 1. Mose (Genesis) 8,18-22

Das Erntedankfest liegt gerade hinter uns, da wird uns dieser bekannte Text zum Bedenken gegeben. In diesen Herbsttagen sind viele Kirchen Oberschwabens mit Ernteteppichen geschmückt sind. Sie erzählen von dem Reichtum, den Gott uns anvertraut hat. Auch in diesem Jahr hat Gott Wort gehalten. Darüber kann man nur staunen und sich freuen.

Doch nicht nur der Blick hinein in die Kirchen gibt Anlass zu Freude und Dank. Blicken wir auf unser Leben, kann man davon auch etwas erblicken, - auch wenn wir uns - wie die Ernte auf den Feldern - durch Sturm und Regen, Wind und Wetter zu kämpfen haben.

Viele sind als Kurgäste oder Reha-Patienten hier in Oberschwaben. Ihr Aufenthalt hier hat also seinen Grund, seien es irgendwelche gesundheitlichen Probleme oder auch nur das Bedürfnis nach einer Atempause. In jedem Fall stellt er eine Zäsur dar. Man hält inne, schaut sich sein Leben gern einmal genauer an, blickt zurück und nach vorn. Beides lässt sich auch in diesem Bibelabschnitt erkennen.

Bei Noah fällt mir an dieser Stelle besonders die Tatsache auf, dass er nach dem Verlassen der Arche zuallererst einen Altar baut und dankt. Vieles hat er sehen und erleben müssen, bevor er die Arche gebaut hat. Als er sie dann auf Gottes Geheiß hin zusammenzimmerte, spottete man über ihn. Dann aber zogen viele schwarze Wolken auf und verfinsterten den Himmel. Für Noah war es das Signal, mit seiner Familie und den Tieren an Bord zu gehen. Kaum war die Tür verschlossen, goss es wie aus Kübeln. Es herrschte eine regelrechte Weltuntergangsstimmung. Das mag für ihn und die Seinen auch beängstigend gewesen sein. Doch je länger das Unwetter andauerte, erlebten und spürten sie auch: Gott hält seine Hand schützend über uns. Die Arche, die so unpassend und überflüssig zu sein schien, war für Mensch und Tier zu einem sicheren Zufluchtsort geworden.

Gehört dies nicht auch zu unseren Lebenserfahrungen? Allem Wind und Wetter sowie kleinen und großen Lebenskatastrophen zum Trotz: Gott hat seine Hand über uns gehalten und uns auch in Notzeiten gegeben, was wir an Kraft und Lebensmut brauchten. Deshalb dürfen wir danken und nochmals danken. Auch wenn unser Leben hier und dort einen anderen Verlauf nahm als geplant, er stand an unserer Seite. Dank Gottes gnädiger Bewahrung und seinem Schutz leben wir noch.

Das zweite, was uns ebenfalls froh und dankbar stimmen soll und darf, ist die Tatsache, dass wir nicht nur leben, sondern dass unser Leben auch eine Perspektive hat, die nach vorn weist und unter der Überschrift steht: Wir haben noch Zukunft, -eine gute Zukunft.
Gott versicherte Noah damals, so schlimm wie die Sintflut war, soll's nicht mehr kommen. Ich will für den geregelten Ablauf der Naturgesetze garantieren. Alles zu seiner Zeit: Saat und Ernte, Frost und Hitze, Sommer und Winter, Tag und Nacht. Diese Verheißung wird im Grundsatz auch durch die Prognosen der Klimaforscher nicht außer Kraft gesetzt, wenn wir auch Gottes gute Gesetze zum Negativen hin beeinflussen können, uns dann aber auch trotz aller Zusagen Gottes mit den Folgen unseres Tuns auseinandersetzen müssen.
Was im großen Maßstab dieser Welt gilt, gilt natürlich auch für unser Leben. Schon das Sprichwort sagt: „Man muss die Suppe auslöffeln, die man sich selbst einbrockt.“ Doch Gottes Blick geht weiter. Ganz am Ende steht seine Verheißung um Jesu willen, er werde allem Werden und Vergehen einmal ein Ende setzen und einen neuen Himmel und eine neue Erde schaffen, in denen Gerechtigkeit wohnt. Dann sich im Vollsinn des Wortes erfüllen soll, was wir auf dieser Erde nur schemenhaft erkennen und erleben können.

In diesem Sinn wünsche ich uns, dass wir stets neu auf Entdeckungsreise gehen und erkennen, wo und wie Gott uns in der Vergangenheit behütet und bewahrt hat und uns in der Gegenwart zur Seite steht, sodass wir dankbar und mit neuer Hoffnung und Zuversicht beschenkt unseren Weg in Richtung Zukunft unter die Füße nehmen können, - in eine Zukunft, die geprägt ist von Gottes Segen und Geleit.

„Menschliche Hybris und ihre Folgen.“
Gedanken zu 1. Mose (Genesis) 11,1-9

Geradezu paradiesisch beginnt dieser Bibelabschnitt. Alle Welt hatte einerlei Zunge und Sprache. Kommunikationsprobleme gab es keine. Ein wahres Paradies für alle, die sich mit Fremdsprachen schwertun. Jeder konnte den anderen verstehen. So lässt es sich gut zusammenleben und etwas aufbauen. Entsprechend machte man sich auch an die Arbeit, nachdem man eine geeignete Gegend gefunden hatte, - eine fruchtbare Ebene, - das Land Sinear am Zusammenfluss von Euphrat und Tigris, -also die Gegend, in der sich heute Kuwait befindet. Hier war gut sein. Man hatte, was man brauchte. Und was fehlte, konnte man herstellen. Steine in Form von Ziegeln zum Beispiel für den Hausbau.
Die Pläne waren schnell geschmiedet. Eine Stadt mit einem Turm als Stadtzentrum sollte es werden. Doch damit nicht genug. Bis zum Himmel sollte der Turm reichen. An ihm sollte man ablesen können, was für tüchtige Leute hier wohnten. Ein Repräsentationsgebäude, um sich einen Namen zu machen, aber nicht nur das, er sollte auch ein Mittel gegen eine mögliche Zerstreuung in alle Lande sein.
Große Pläne waren es also, die hier geschmiedet und in Angriff genommen wurden. Die menschliche Hybris lässt grüßen. Gemeinsam schaffen wir alles, so könnte die Überschrift lauten, - eine Überschrift, die man bis zum heutigen Tag über so manches menschliche Tun schreiben könnte. Denn dieses immer höher, immer weiter ist bis zum heutigen Tag nicht ausgestorben. Die Erde haben wir uns erobert. In den Weltraum sind wir vorgedrungen, bis zum Mond geflogen und Sonden über unser Sonnensystem hinausgeschossen. Mit Teleskopen unterschiedlichster Art können wir, so sagen uns Wissenschaftler, fast bis zum Ursprung des Universums sehen und den Nachhall des Urknalls hören. Was damals begonnen wurde, so könnte man sagen, wird in unseren Tagen mehr und mehr Wirklichkeit. Was sind wir nicht für intelligente Wesen! Uns kann keiner so schnell das Wasser reichen, möchte man meinen.

Dieses menschliche Tun ruft nun aber eine Reaktion hervor, mit der man damals offenbar nicht rechnete, - eine Reaktion Gottes nämlich. Er fuhr hernieder, so wird berichtet. Er will es sich offenbar mit eigenen Augen ansehen, was da unten vor sich geht. Vom Himmel aus, so könnte man mutmaßen, war es einfach nicht richtig einzuschätzen. Was menschlich betrachtet ein Akt der Gigantomanie war, zwingt Gott nach unten. Es ist von seiner Warte aus betrachtet einfach zu winzig. Aber, so hält Gott anerkennend fest, gemeinsam können die Menschen Großes vollbringen. Deshalb, so sein Entschluss, wehret den Anfängen. Und das wirksamste Mittel, das ihm zu Verfügung steht, ist die Verwirrung der Sprache. Damit wird die Axt an die gemeinsame Arbeitsgrundlage gelegt. Die große Menge der Arbeiter, die durch die gemeinsame Sprache ein großer Organismus war, wird von jetzt auf nachher in Einzelpersonen zerlegt und so um seine Arbeitsmöglichkeiten gebracht.

Es ist wie ein Spiegel, in dem wir auch uns wiedererkennen können, denn bis zum heutigen Tag wird geplant und gearbeitet, werden große Projekte in Angriff genommen und auf menschliche Kraft und Intelligenz gebaut, ohne Gott in die Rechnung mit einzubeziehen. Auch wenn er scheinbar außen vor bleibt, ist er doch da und lässt sich nicht einfach negieren. Er kann bis heute ganz ungefragt auf den Plan treten und darüber zu einer unkalkulierbaren Variante werden, die einem die gemeinsame Arbeitsgrundlage unter den Füßen wegziehen kann, ohne dass es zu einem großen Knall kommen muss. Damals trat Gott dabei ganz im Verborgenen auf die Bühne des Geschehens. Keiner scheint etwas von seiner Anwesenheit bemerkt zu haben. Er stand gewissermaßen als Zuschauer am Rand des Geschehen, machte sich seine Gedanken und reagierte schließlich, - auch wieder in aller Stille, doch mit fatalen Folgen. Von jetzt auf nachher läuft, wie wir zu sagen pflegen, nichts mehr zusammen, weil man sich im wahrsten Sinn des Wortes nicht mehr versteht. Da muss man nicht unbedingt eine andere Sprache sprechen. Es reicht zu, wenn man aneinander vorbeiredet, wenn es Streit gibt, sich politisch und gesellschaftlich gravierende Veränderungen ergeben, etwa weil sich der eine oder andere übervorteilt fühlt und sein Recht einfordert oder weil man sich gegenseitig die Glaubwürdigkeit abspricht. Unsere Zeit zeigt viele dieser Umbrüche. Was hat sich beispielsweise nicht alles durch den Begriff „Lügenpresse“ verändert? Unendlich viel Vertrauen wurde zerstört. Misstrauen machte sich breit, denn wem kann und darf man noch glauben? Selbst Bilder können manipuliert und ins Gegenteil verkehrt werden, dem Computer sei Dank. Die Geister, die man rief und über die man sich freute, offenbaren ihre Schattenseiten. Auch dies ist eine Form der Sprachenverwirrung.

Damals kam es zum Baustopp. Was man verhindern wollte, trat ein. Durch den Verlust der gemeinsamen Sprache zerstreute man sich in aller Herren Länder. Gott hatte gewissermaßen mit dem kleinen Finger die Signale auf null gestellt. Er hatte deutlich gemacht, wer am längeren Hebel sitzt und worauf es letztlich ankommt, wenn ein Werk gelingen soll. Mit diesem Eingriff in das menschliche Tun setzte er eine tiefe Zäsur. Aus einer einheitlichen Menschheit wurde eine aus einer Vielzahl von Völkern bestehende, die nicht mehr miteinander, sondern immer stärker gegeneinander arbeiteten. Wie zerstörerisch dies sein kann, offenbaren die vielen Kriege mit den zahllosen Toten und der Zerstörung vieler materieller Werte.
Doch unser Gott ist kein Gott des Unheils und der Zerstörung. Er möchte Frieden schaffen und all dem Bösen, das aus der Gottvergessenheit und der Abkehr von ihm seit den Tagen des Sündenfalls entstanden ist, ein Ende bereiten. Deshalb hat er mit seiner Menschheit einen Neuanfang gewagt. Den Grundstein legte er mit der Sendung seines Sohnes Jesus Christus. Bevor er wieder auffuhr zu seinem und zu unserem Vater, verhieß er seinen Heiligen Geist, - den Geist der Liebe und des Friedens. Als dieser an Pfingsten auf die Jünger ausgegossen wurde, geschah das Wunder, dass die vielen Hörer der Pfingstpredigt des Petrus, die aus den unterschiedlichsten Gegenden dieser Welt und den verschiedensten Sprachregionen stammten, ihn in ihrer je eigenen Sprache reden hören konnten. Pfingsten, der Geburtstag der Kirche, ist so zur Umkehr der babylonischen Sprachenverwirrung geworden. Von hier geht das Signal aus, Gott möchte die vielen Zersplitterungen wieder heilen und diese Welt samt seiner Menschheit einer guten Zukunft entgegenführen. Auch dafür gibt es einen Ort, nicht Babel, sondern Golgatha bei Jerusalem. Möge dieser Ort auch uns zu einem Ort des Heils und Segens werden.

„Zum Stammvater erwählt mit einer Verheißung wider alle Vernunft."
Gedanken zu 1. Mose (Genesis) 12,1-4

Wer einmal den Kindergarten und die Kinderkirche besucht bzw. im Religions- sowie Konfirmandenunterricht aufgepasst hat, für den ist dieser Bibelabschnitt ein alter Bekannter und treuer Weggefährte. Er entführt uns in längst vergangene Tage, - in vergangene Tage unseres Lebens, aber auch der Geschichte Gottes mit unserer Welt und uns Menschen. Sie erzählt von einem Urdatum der Erwählungsgeschichte Israels. Denn hier ergeht an einen der ganz Großen der Bibel der Ruf Gottes überaus direkt und persönlich in einer kaum zu überbietenden Form. „Geh weg von deinem Vaterland und von deiner Verwandtschaft und von dem Haus deines Vaters zu dem Land, das ich dir zeigen werde," so lesen wir es ganz lapidar. Aber haben wir uns schon einmal ausgemalt, was das bedeutet, - ganz allgemein und im Besonderen für einen 75jährigen? Wie würden wir auf ein solches Ansinnen reagieren?
In Zeiten des Massentourismus, der Langstreckenflugzeuge, ja der Raketen und Raumstationen kann man die Tragweite dieser Zeilen kaum ermessen. Alles sollte er zurücklassen, - für immer auf Wiedersehen sagen, radikal und unwiderruflich mit der eigenen Vergangenheit brechen. Und das mit dem Blick auf eine Zukunft, die mehr als nur vage vor ihm stand. Ein Land, das ich dir zeigen will, bietet Gott ihm an. Wann sollte er dorthin kommen? Wo lag es? Und dann, - was sollte er davon haben an Möglichkeiten und Vorteilen? Würden Sie es unter solchen Vorzeichen gewagt haben, - so ganz ohne Sicherheiten?

Unser Bibeltext stellt uns heute die Vertrauensfrage, - Gottes Vertrauensfrage. Wie groß ist unsere Risikobereitschaft, wenn Gott ruft? Ich denke, es ist eine der ganz zentralen Fragen unseres Lebens, - eine, die sich im Grunde nicht theoretisch beantworten lässt. Denn in der Theorie sind wir alle Weltmeister, fühlen uns stark, können Bäume ausreißen und Berge versetzen. Wie aber, wenn wir aus der Theorie Praxis werden lassen sollen? Können wir dann loslassen, - die Heimat loslassen, - die vertraute Umgebung, - die Verwandtschaft und andere mehr? Oder kommt dann der berühmte Klammereffekt, - festhalten, was nur festzuhalten geht? Ich denke, diese Frage müssen wir für uns persönlich immer wieder neu beantworten, denn auch wir werden von Gott hier wie dort immer wieder einmal vor Entscheidungen gestellt und zu Entscheidungen herausgefordert, - jeder und jede an seinem bzw. ihrem Platz. Wagen wir den großen Schritt oder zögern wir wie die Kleingläubigen und Zauderer?

Wenn Gott uns anspricht, - wenn er uns vor Entscheidungen stellt oder zu Entscheidungen nötigt, dann nicht aus Jux und Tollerei, sondern weil er etwas mit uns vorhat. Es muss nicht unbedingt so etwas Weltenwendendes sein wie bei Abram, den er zu einem großen Volk und zum Segen machen wollte im Blick auf alle Geschlechter der Erde. Gemessen an dieser Ankündigung backen wir alle in der Regel viel kleinere Brötchen. Doch wie groß oder klein sie auch sein mögen, - auch im Blick auf uns gilt: Gott hat mit uns etwas vor, - hat mit uns einen Plan, - will uns gebrauchen zum Bau seines Reiches. Wir sollen in diesem Bau - wie es im 1. Petrusbrief (2,5) einmal heißt - lebendige Steine sein. Er will uns segnen und zum Segen für andere machen, - sprich uns unsere Aufgabe zuweisen. Und dann kann es uns ergehen wie dem Abram. Er hatte ja seine Aufgabe. Bis zu seinem 75. Lebensjahr verlief sein Leben in geordneten Bahnen und nach einem festen Muster. Er hatte sein Auskommen und seine Angehörigen. Im Grunde war er mittlerweile in einem Alter, in dem man in unseren Tagen längst den Ruhestand genießt und sich eher mit dem Lebensende beschäftigt, als mit einem neuen Lebenskapitel.
Das Beispiel des Abram zeigt, Gott will, dass wir, so lange er es für gut und richtig hält, ihm verfügbar bleiben und auch Ungewöhnliches, - vielleicht sogar etwas in unseren Augen Verrücktes tun, sprich alles zurücklassen und Neues beginnen, ob wir nun 75 oder 80 Jahre sind. Für Gott ist keiner zu alt und keiner zu verbraucht. Unser Gott kann uns einen recht aktiven Ruhestand bescheren und große Pläne mit uns haben. Sind wir dafür offen? Oder gibt es für uns einen Punkt, an dem wir sagen, jetzt langt's, - jetzt will ich nichts mehr wissen, man mag mir eine Zukunft verheißen, welche man will.

Wer für Gottes Wort offen ist, kann sich schon mit manchem Abenteuer und mancher Überraschung konfrontiert sehen, - einer Überraschung, die ganz und gar nicht von dieser Welt ist, - irgendwie abgehoben und irreal.

Für mich ist es überraschend und immer wieder neu beeindruckend, wie Abram reagiert. Obwohl 75jährig und kinderlos und damit eigentlich auf die Nähe seiner Familie angewiesen, fängt er mit Gott kein langes Palaver an, - verstrickt ihn in keine Diskussion, sondern, nachdem er gehört hat, geht er. Ganz kindlich setzt er sein Vertrauen in die an ihn ergangene Verheißung, obwohl sie für unsere Begriffe unrealistisch und weltfremd ist, - nicht im Blick auf das Land, sondern im Blick auf die zugesagten Nachkommen. Er wagt diesen Schritt wider alle menschliche Vernunft auf Gottes Wort hin. Doch nicht nur er geht. Er nimmt auch noch andere mit auf den Weg, - Lot nämlich und seine Familie. Ein staunenswerter Schritt, der Respekt abnötigt. Abram lässt sich auf Gottes Wort ein und geht in Richtung Land, das Gott ihm zeigen will, so als sei es das Selbstverständlichste von der Welt.
An diesem Abram, der sich diskussionslos auf Gottes Wort einzulassen vermochte, können wir, denke ich, nicht genug lernen. Es ist wie bei Petrus, der wieder besseres Fischerwissen zu Jesus sagte: „Auf dein Wort will ich das Netz auswerfen. Ich will's tun entgegen aller Erfahrung und Logik." Und Abram tat's auch. Er lässt sich von Gott ansprechen und auf den Weg rufen und zieht andere mit.

Ich fände es schön, wenn wir uns mit einer ähnlichen Gelassenheit und Vertrauensseligkeit auf Gottes Wort und Ruf einließen. Dann mögen die nächsten Schritte banal sein, - recht gewöhnlich und alltäglich. Die Fortsetzung bei Abram aber zeigt, wie Gott nach und nach das konkretisiert, was hier in diesen Zeilen noch sehr allgemein und unverbindlich klingt. Gottes Wort ist mehr als Schall und Rauch. Es trägt die beschriebene Wirklichkeit bereits in sich. Das zeigt uns die Bibel immer und immer wieder neu. Als Menschen, die wissen, wie es weitergegangen ist, sollten wir uns umso fröhlicher dem Anruf Gottes stellen, - gespannt auf das, wie er seine Verheißungen auch uns gegenüber mit Leben erfüllt und umsetzt. Wir werden dabei viele

Überraschungen erleben können. Er wird sich dabei gewiss nicht als eine kleinliche Krämerseele zeigen, sondern als großzügiger und großmütiger Herr, sodass auch wir darüber stets nur werden staunen können.

„Gott begegnet dem Angefochtenen und bekräftigt seine Verheißung."
Gedanken zu 1. Mose (Genesis) 15,1-6

Mit einer imposanten Ouvertüre beginnt dieser Text: „Fürchte dich nicht, Abram! Ich bin dein Schild und dein sehr großer Lohn," so hören wir Gott sagen. Es sind Worte, die Anerkennung und Lob aussprechen, aber auch Liebe und Zuneigung. Abram wird durch sie gewissermaßen in den Adelsstand erhoben. Nicht nur, dass Gott seinen Abram nicht vergessen hat. Nein, er setzt ihn zu sich auch in eine ganz besondere Beziehung, indem er sich als sein Schild, sprich als sein Beschützer, ausgibt und als sein sehr großer Lohn, d.h. als der, der ihm nicht nur gibt, was er braucht, sondern die Fülle. Er gibt in reichlichem Maße. Sorgen und Ängste muss er keine haben. Gott selbst, so gibt er zu Protokoll, garantiert für seine Zukunft. Wie würde es uns ergehen, wenn uns Gott so gegenüberträte? Könnten wir da vor Stolz überhaupt noch gehen?

Abram hingegen scheint ganz unbeeindruckt zu sein. Es ist, als stecke er in einer tiefen Depression. „HERR, mein Gott, was willst du mir geben? Ich gehe dahin ohne Kinder und mein Knecht Eliëser von Damaskus wird mein Haus besitzen," so lautet seine Antwort. Was Gott ihm anbietet und zusagt, beeindruckt ihn also nicht wirklich, denn ihm fehlt etwas ganz Wesentliches. „Mir hast du keine Nachkommen gegeben; und siehe, einer von meinen Knechten wird mein Erbe sein," so klagt er. Ja, Abram macht aus seinem Herzen keine Mördergrube. Die Enttäuschung über Gott steht ihm ins Gesicht geschrieben. Gott hat ihm zwar gemäß seiner Verheißung ein Land und damit eine neue Heimat gegeben. Aber das ist ihm doch nur wie ein Strohfeuer, da er keine Nachkommen hat. Er ist unzufrieden und ohne Hoffnung, denn seine Frau und er werden älter und älter. Beim Aufbruch in das neue Land waren beide schon betagt, jetzt aber sind noch ein paar Jahre dazu gekommen und die Wahrscheinlichkeit, ein Kind zu bekommen, bewegt sich nicht gegen Null, sondern befindet sich menschlich betrachtet längst im absoluten Minusbereich der Erwartungen. Hatte er beim Aufbruch noch auf ein Wunder gehofft, war diese Hoffnung nun entschwunden. Er ist frustriert und lässt Gott seine Frustration auch spüren. „Was willst du mir geben?"

Vielleicht kennen auch wir ähnliche Situationen. Mit großen Hoffnungen ließen wir uns auf einen neuen Weg ein, -auf einen Weg, auf den wir uns von Gott gewiesen wussten. Viel nahmen wir auf uns bzw. viel ließen wir zurück, Freunde, Bekannte, lieb gewordene Lebensgewohnheiten und … und … und … Doch dann kam irgendwann die Ernüchterung. Unsere Hoffnungen blieben teilweise oder ganz unerfüllt. Und jetzt? Soll man den Glauben über Bord werfen, - zurück auf Los gehen, - Gott den Laufpass geben? Anfechtungen gibt es in solchen Situationen zu Hauf. Man sieht alles nur noch tief schwarz vor sich, - keine Hoffnung, - keine Zukunft.

Just in dieser Situation tritt Gott dem Abram in den Weg und erinnert ihn an das, was er an ihm hat, - daran, dass er nicht vergessen ist, sondern dass er, der lebendige Gott, seine Zukunft ist und bleibt. „Ich bin dein Schild und dein sehr großer Lohn." Gott stellt sich dem Abram und hält seine Klagen aus. Er versteht, wie es ihm geht. Deshalb erneuert er seine Verheißung und vergewissert Abram: „Eliëser soll nicht dein Erbe sein, sondern der von deinem Leibe kommen wird, der soll dein Erbe sein." Gott will also noch wahrmachen, was er Abram verheißen hat. Mit dem Nachkommen ist es also noch nicht zu spät, auch wenn es menschlich betrachtet unmöglich erscheint. Und zur Bestätigung schickt er Abram vor die Tür und heißt ihn zum Himmel zu blicken. „Zähle die Sterne!" so lautet sein Auftrag. „Kannst du sie zählen?" so seine Frage?

Ja, manchmal erhalten wir die Antwort auf unsere Fragen draußen vor der Tür. Wie bei Abram so kann auch uns ein Blick zum Himmel lehren, wie groß Gott ist. Die Sterne und mit ihnen das gesamte Universum zeugen von Gottes Größe und Macht. Sie unterstreichen, was Jesus später zu seinen Jüngern sagt: „Bei den Menschen ist's unmöglich, aber bei Gott ist alles möglich." Die schiere Zahl der Sterne überfordert uns Menschen schon, wie viel mehr die Fragen nach dem Warum und Wieso. Dies begriff Abram und ließ es sich von Gott gesagt sein: „So zahlreich sollen deine Nachkommen sein!" Er glaubte dem HERRN, und das rechnete er ihm zur Gerechtigkeit.

Abram, - der Stammvater des Glaubens, - der, der Gott vertrauen konnte allem Augenschein zum Trotz. Das Flimmern der Sterne war ihm genug. Gott war ihm begegnet inmitten seiner Anfechtung und seiner Depression. Auf sein Wort hin konnte er es sich gesagt sein lassen: Ich bin noch nicht am Ziel trotz meiner 85 oder 90 Jahre, - nein, vor mir liegt noch eine wichtige Wegstrecke, - ein wichtiges Stück Zukunft.

Und wir? Lassen wir uns auch so schnell überzeugen? Oder gilt für uns: Ich glaube erst, wenn ich Taten sehe? So war es bei Thomas, dem Jünger Jesu. Er war bei der ersten Ostererscheinung nicht dabei. Das Wort seiner Mitjünger war ihm nicht genug. Er wollte erst selbst sehen, bevor er glaubte. Jesus erfüllte ihm diesen Wunsch, fügte aber den Satz hinzu: „Selig sind, die nicht sehen und doch glauben."

Abram musste noch einige Zeit warten, bis Isaak geboren wurde. Dann aber wurde bei ihm aus dem Glauben ein Schauen. Möge es auch uns geschenkt werden, dass unser Glaube zum Warten fähig ist und solche Wartezeiten unbeschadet übersteht, sodass auch wir am Ende vom Glauben zum Schauen kommen können.

„Gott lässt sich erbitten."

Gedanken zu 1. Mose (Genesis) 18,16-33

Der Besuch ist vorbei. Die Gäste ziehen weiter, und Abraham begleitet sie noch ein Stück Wegs. So war es damals gute Sitte. Doch just auf diesem Weg, wo die Gäste schon fast weg sind, geschieht etwas Gewaltiges. Er wird von ihnen ins Vertrauen gezogen und erfährt den Grund ihres Hierseins. Gott ist auf Erkundungsreise, so könnte man sagen. Viele Beschwerden sind an sein Ohr gedrungen über die Sünden von Sodom und Gomorra. Doch er will nicht aufs Hören-Sagen reagieren, sondern sich vor Ort selbst überzeugen. Deshalb hat er sich auf den Weg gemacht und bei der Gelegenheit bei Abraham vorbeigeschaut. Ist es nicht beeindruckend, dass Gott seinen Abraham mit in seine Pläne einbezieht und ihm auf diesem Wege auch sein Herz ausschüttet? Ja, Gott begegnet uns hier auf ganz menschliche Weise. Er geht mit Abraham um, wie ein guter Freund mit seinem Freund umzugehen pflegt. Er redet mit ihm in menschlicher Gestalt auf menschliche Weise. Man könnte sagen, was Abraham hier erlebt gleicht der Menschwerdung Gottes in Jesus, durch die er uns zu Kindern berufen und zu Freunden gemacht hat. Wissen wir diesen Adel zu schätzen, der uns auf diese Weise beigelegt wird? Gott will unser Freund sein und unser Wegbegleiter, - der, der uns in seine Pläne einweiht und uns damit auch ein Mitspracherecht einräumt.

Denn wie Abraham Gott so von seinen Plänen reden hört, fühlt er sich zur Fürsprache herausgefordert. Er verneint die Sünden von Sodom und Gomorra nicht, aber er wendet sich gegen die Verallgemeinerung. Er stellt die Möglichkeit in den Raum, dass davon auch Gerechte betroffen werden könnten. Vielleicht denkt er in diesem Augenblick an Lot und seine Familie, die dort ansässig geworden sind. Ob er sie zu den Gerechten zählt, erfahren wir nicht, aber er bittet Gott um die Verschonung der Gerechten. Wichtig ist ihm nur, dass Gott gründlich prüft und gerecht richtet. „Willst du denn den Gerechten mit dem Gottlosen umbringen?" so fragt er Gott und ergänzt fast schon mit einem befehlenden Unterton „Das sei ferne von dir! Sollte der Richter aller

Welt nicht gerecht richten?“ Man könnte sagen: Er appelliert an Gottes Ehre und Selbstverständnis und nennt eine Zahl, - 50 Gerechte.
Vergleichen wir uns doch an dieser Stelle einmal mit ihm. Wie steht es um unser Verhältnis zu Gott? Machen wir uns auch immer wieder neu auf den Weg mit ihm? Oder anders gefragt: Stehen wir in der Nachfolge? Haben wir auch schon einmal solch eine Sternstunde der Begegnung mit Gott erlebt und uns auf ein solch vertrautes Gespräch mit ihm eingelassen? Abraham bekommt auf diesem gemeinsamen Weg mit Gott von ihm die Augen geöffnet für die Situation von Sodom und Gomorra und legt Fürsprache ein. Sein enges und vertrautes Verhältnis zu Gott macht ihn zur Fürbitte fähig. Und wie steht es bei uns, wenn uns Menschen vor Augen gestellt werden, denen Unheil droht oder die von Unheil betroffen wurden? Stehen wir dann auch fürbittend für sie ein? Abraham hatte einen Anfang gewagt, - und es wurde ein regelrechter Handel daraus. Von 50 bis 10 handelt er Gott herunter, - und der lässt sich erbitten und zeigt, dass er alles andere als ein Prinzipienreiter ist. In seiner Barmherzigkeit kann er sich auch mit wenigem zufriedengeben.

Dabei fällt auf: In seiner Beharrlichkeit bleibt sich Abraham aber dessen bewusst, dass er nicht mit Gott einer Stufe steht. Er ist und bleibt ein Bittender, der keinen Anspruch auf Gehör hat. Respektvoll bringt er das immer wieder neu zum Ausdruck. Demütig, aber auch entschieden tritt er für die Gerechten ein und erbittet damit indirekt auch Gnade für die Sünder, - und Gott lässt sich darauf ein, - immer und immer wieder. Der Gott, vor dem Abraham steht und der auch unser Gott ist, lässt sich erweichen und gibt nach. Doch irgendwann ist die Grenze erreicht, - eine Grenze, die Abraham setzt, indem er bei 10 Gerechten stehen bleibt. Vielleicht ist dies der Grund, dass es bis zum heutigen Tage in der Synagoge üblich ist, dass erst dann ein Gottesdienst gefeiert werden kann, wenn 10 Männer anwesend sind. Ja, Gott lässt sich erbitten, aber Abraham weiß, dass er es tut in göttlicher Freiheit. Und diese Freiheit will Abraham in aller Demut respektieren. Bei jeder Bitte belässt er Gott die Möglichkeit der Ablehnung, sprich nein zu sagen.

Dies halte ich für eine überaus wichtige Beobachtung, kann man es doch in unseren Tagen besonders in frommen Kreisen erleben, dass man betend vor Gott tritt mit der festen Vorstellungen, Gott müsse, wenn wir den rechten Glauben haben, zu allen unseren Bitten Ja und Amen sagen, sprich sie erfüllen. Manche leiten es von dem Wort Jesu ab: „Bittet, so wird euch gegeben, suchet, so werdet ihr finden, klopfet an, so wird euch aufgetan." Sicherlich, wir dürfen erhörungsgewiss vor Gott treten. Er will uns geben und finden lassen und die Tür öffnen. Aber ein Wort fehlt dabei, -nämlich „alles". Gott weiß, was für uns gut ist und was wir bedürfen. Deshalb ist und bleibt Zurückhaltung angesagt. Denn selbst wenn Jesus einmal von „alles" redet, bleibt doch die Einschränkung „was ihr in meinem Namen bitten werdet". Und da lässt sich schon fragen, was man denn alles in Jesu Namen bitten kann und darf. Nehmen wir uns doch an Jesus selbst ein Beispiel. Er stand in innigstem Verhältnis zu seinem und unserem Vater. Man möchte meinen, er erfüllte ihm jede Bitte. Doch an Gründonnerstag betete Jesus: „Vater, wenn's möglich ist, lass diesen Kelch an mir vorübergehen. Doch nicht wie ich will, sondern wie du willst." Auch er lässt Gott bei seinen Bitten also recht bewusst die Möglichkeit der Ablehnung.

Und so möchte Abraham uns in beidem ein Vorbild sein, - im fürsorgenden und beharrlichen Gebet, ja, im Ringen mit seinem Gott im Blick auf den Aufschub des Gerichts. Gott lässt sich um vieles bitten, aber wenn die nötige Zahl der Gerechten nicht gefunden wird, ist er auch bereit, das Gericht zu vollziehen. Dieses Handeln Gottes zu respektieren, ist das zweite, was wir von Abraham lernen dürfen und sollen. Auch als unser guter und bester Freund bleibt er Gott. Er lässt sich nicht zu unserem Erfüllungsgehilfen degradieren.

Entsprechend heißt es dann am Schluss: „Und der HERR ging weg, nachdem er aufgehört hatte, mit Abraham zu reden; und Abraham kehrte wieder um an seinen Ort," - sprich jeder hat seinen Platz. Für uns heißt das, wir sollen an dem Ort bleiben, der uns zugewiesen ist und dort das erwarten, was Gott uns zukommen lassen will. Bei Abraham hörte die Geschichte mit Gott nicht mit dieser Trennung auf. Nein, er durfte erleben, wie Gott Wort hielt, und er, der um seine Zukunft bangte, von Gott mit seinem Sohn Isaak gemäß seiner Verheißung die Türen in Richtung Zukunft geöffnet bekam. In ähnlicher Weise, so dürfen wir sicher sein, wird Gott auch uns für uns sorgen und uns seiner Zukunft entgegenführen.

„Der verheißene Sohn – bereit zum Hergeben."

Gedanken zu 1. Mose (Genesis) 22,1-13

Die Geschichte von der Opferung Isaaks dürfte uns allen von Kindesbeinen an bekannt sein. Sie berührt immer wieder und gibt zu vielen Fragen Anlass. Ein rätselhafter Gott steht vor uns, - einer, der Abraham, seinem Auserwählten, einen Auftrag erteilt, der im Grunde alle Kräfte übersteigt, - einen Auftrag, der uns unmenschlich und undurchführbar erscheint. Mit diesem Auftrag legt er die Axt an die Wurzel seiner Hoffnung. Denn auf Isaak, seinen Sohn, hatte Abraham fast ein ganzes Leben vergeblich gewartet. Erst im hohen Alter, nach biblischer Erzählung war er weit über 80 Jahre alt, durfte er ihn in Händen halten. Er ist für ihn die Person gewordene Verheißung Gottes. Und nun, 12 Jahre später, also fast 100jährig, sollte er ihn wieder hergeben. Sollte, ja konnte das wirklich wahr sein? „Geh hin und opfere ihn," so trug Gott es jenem alten Mann auf, der Zeit seines Lebens ein Hoffender war, - einer, der im Gespräch mit seinem Gott war, der mit ihm rang, der ihm seine Fragen vorlegte, aber auch erleben durfte, wie Gott seine gegebenen Verheißungen Schritt für Schritt erfüllte, auch wenn er sich dabei zuweilen menschlich geurteilt viel zu viel Zeit ließ. Und nun das.

Können wir uns das nachvollziehen und uns in Abraham wiedererkennen? Auch wir haben gewiss schon Erfahrungen mit Gott gemacht, - viele positive und gute, so hoffe ich, aber vielleicht auch solche, wo wir den Eindruck hatten, Gott zieht uns den Boden unter den Füßen weg, - nimmt uns unsere gesamte Hoffnung, - wird uns zu einem einzigen Rätsel, - lässt uns nach dem „Warum?" fragen, ohne dass eine Antwort darauf auch nur von ferne sichtbar würde. Es sind Versuchungen, die uns in unserem Glauben und Leben fordern. Wenn wir derartiges zu erleben haben, welche Konsequenzen ziehen wir daraus? Können wir uns in solchen Lebensphasen unter Gottes Willen stellen oder kehren wir ihm den Rücken? Dass Versuchungen echte Herausforderungen sind, die unsere gesamte Kraft und Energie fordern, ja aufsaugen können, wusste auch Jesus. Deshalb lehrte er seine Jünger und in ihrem Gefolge auch uns zu beten „Und führe uns nicht in Versuchung." Was aber, wenn sie uns nicht erspart bleibt?

Abraham stellte sich der Versuchung, indem er Gottes Auftrag akzeptierte. Er packte zusammen, was er benötigte, - Holz, Feuer, ein Messer und seinen Sohn. Dann machte er sich zusammen mit zwei Knechten früh morgens auf den Weg. Offenbar eine schweigsame Reise. Nur selten wurde die Stille unterbrochen. Abraham, der Vater, war sich der Schwere dieses Weges bewusst. Diese Reise zum Berg Morija gleicht einem letzten Gang, wie wir ihn auf dieser Welt oft zu gehen haben. Abraham, der Vater, war mit sich und seinen Gedanken beschäftigt.

Isaak, der Sohn, auch, aber auf einer ganz anderen Ebene. Von dem Auftrag seines Vaters weiß er nichts. Er ahnt, hier soll ein Opfer dargebracht werden, aber das Opfertier fehlt. Ihm wird bewusst, hier stimmt irgendetwas nicht. Aber er geht mit, weil der Vater vorangeht, und zu seinem Vater hat er Vertrauen. Der Vater wird schon wissen, was er tut.

Vater und Sohn auf dem Weg. Und die kurze Gesprächsszene offenbart das ganze Dilemma. Der Vater, der um den Auftrag weiß, reagiert ausweichend auf die Frage des Sohns, wo denn das Opfertier sei. Er versucht sich mit dem Hinweis auf Gott vor der Offenbarung der harten Realität herauszuwinden. Doch am Ort des Opfers angekommen, beantwortet er die Frage des Sohnes mit der Tat. Kein Drum-herum-Reden hilft hier mehr. Er macht den Sohn zum Opfer, - und dieser, so scheint es, lässt es sich gefallen. Er bleibt bei alledem merkwürdig stumm wie ein Schaf, das zur Schlachtbank geführt wird.

Was uns hier in seiner schonungslosen Härte vor Augen geführt wird, lässt einem fast das Blut in den Adern erstarren und hat doch neutestamentliche Züge an sich. Denn der Weg des Abraham mit seinem Sohn Isaak gleicht doch in vielem dem Weg Gottes mit seinem Sohn Jesus, der sich ebenfalls voll Vertrauen zu seinem Vater zum Opfer machen ließ. Abraham geht diesen Weg auch Gottes Geheiß und bis zum Schluss in der Hoffnung, dass Gott doch noch eine Lösung für das menschlich Unfassbare hat. Darin wird uns zum Vorbild. Vertrauen haben und behalten, auch wenn wir menschlich Unfassbares und Unbegreifliches erleben, - dieses Dennoch des Glaubens zu sprechen, das lehrt uns das Beispiel des Abraham. Denn der Auftrag, den wir zu erfüllen haben bzw. den wir erfüllen sollen, ist kein menschlicher, sondern ein göttlicher, und deshalb ist es Gott, der auch für den Ausgang die Verantwortung übernimmt, - auch wenn er uns auf den ersten Blick aller Hoffnungen zu berauben scheint. Er ist und bleibt ein Gott der Hoffnung und des Lebens.

Den 3. Gedankenkreis, mit dem uns der heutige Text konfrontiert, könnte man überschreiben: Gott behält es sich vor, manchmal erst kurz vor knapp einzugreifen. Manchmal fällt er uns wahrhaftig erst im letzten Augenblick in den Arm wie hier bei Abraham. Manchmal lässt er aber auch Unfassliches geschehen, ohne dass wir menschlich eine Antwort auf die Frage nach dem warum geben könnten.
Doch hier bei Abraham wurde der Ort, der für ihn zunächst der Ort des Endes aller Hoffnungen war, zu einem Ort neuen Lebens und neuer Hoffnung. Hier erlebte er Ende und Neuanfang zugleich. Gott löste sein Rätsel und ließ ihn in seiner Hoffnung nicht zuschanden werden. Er schenkte Isaak das Leben neu und ließ einen anderen an seiner Statt sterben, - einen Widder nämlich.
Hier an diesem bestimmten Ort in Raum und Zeit, nicht irgendwo im Nirgendwo, begegnete er Gott und erlebte in radikaler Weise eine Lebenswende. Es scheint, als habe Gott auf diesen Ort sein gesamtes Heil wie mit einem Brennglas fokussiert. Denn der Berg Morija ist für die Juden mit dem Tempelberg in Jerusalem identisch. Unweit davon wurde Jesus gekreuzigt als Lamm Gottes und Heiland der Welt, - einer, der als Sohn starb, - als Gottes Sohn. Doch so wie der Widder für Isaak starb, starb er an unserer Statt. Gott hat auch für uns neues Leben geschaffen. Er will auch uns in unserer Hoffnung nicht zuschanden werden lassen. Deshalb ging Gott um unseres Lebens willen mit seinem Sohn den Weg zu Ende, auf dass wir Frieden hätten und geheilt werden durch seine Wunden. Ja, dafür steht Gott unveränderlich und unverbrüchlich ein, auch wenn er uns manchmal Wege führt, die wir nicht verstehen. Am Ende aber sollen es Wege sein, die uns zum Besten dienen sollen und uns der Zukunft Gottes und damit dem Leben in Ewigkeit immer näherbringen.

„Auf der Flucht, nicht aber von Gott verlassen.“
Gedanken zu 1. Mose (Genesis) 28,10-22

Es ist schon Jahre her und hat sich doch für die, die das Geschehen damals vor Ort oder live am Fernseher erlebt haben, tief in die Seele eingebrannt. Am 11. September 2001 rasten Flugzeuge ins World Trade Center und ins Pentagon. Das eine brachten sie zum Einsturz, das wurde schwer beschädigt. Zahllose Menschen verloren ihr Leben. Tiefe Betroffenheit machte sich breit. Menschen weinten und bekundeten den Angehörigen ihre Solidarität. Angst ging um. Ratlosigkeit drohte in blinden Aktionismus umzuschlagen. Man war bestrebt die Schuldigen der Öffentlichkeit vorzustellen und sie ihrer gerechten Strafe zuzuführen. Im Ergebnis führte dies zum Krieg gegen die Taliban in Afghanistan und, wie George W. Bush, der damalige US-Präsident es ausdrückte, zum Kreuzzug gegen den Islam. Jener Tag ist zu einem kollektiven Alptraum geworden und schürt Ängste vor immer neuem Terror. Unsere Welt hat dadurch ein neues Gesicht erhalten, - eines, das verunsichert und fragen lässt, was wird nun werden, zeigt es doch, wozu Menschen fähig sind. Die Bilder jener Tage machen deutlich, wir leben in keiner heilen Welt. Der Mensch ist alles andere als gut. Er ist böse von Jugend auf.

Diese Bosheit steht auch der Hintergrund des obigen Bibeltextes. Auch wenn man's ihm nicht auf den ersten Blick entnehmen kann, Jakob ist auf der Flucht verursacht durch seine Arglist. Er hat seinen Bruder betrogen, - sich den Segen des Vaters erschlichen. Nun muss er auf und davon, - so schnell wie möglich und soweit die Füße tragen. Er hat durch die Anstiftung seiner Mutter sein bisheriges Leben von Grund auf ruiniert. Mit dieser Lebenskatastrophe muss er nun fertig werden. In einiger Entfernung von zuhause, aber noch längst nicht am Ziel, muss er Halt machen. Sein Körper verlangt nach Ruhe und Schlaf. Auf freiem Feld legt er sich auf den nackten Boden, - nicht sonderlich bequem mit einem Stein als Kopfkissen. Allein, - ganz allein ohne Dach über dem Kopf.

Wie muss es in einem Menschen aussehen, der sich unter solchen Umständen zur Ruhe legt? Was für Gedanken mögen ihn bewegt haben? Welche Ängste? Haben wir auch schon einmal solch eine Lebenssituation zu durchleben gehabt, - Zeiten, in denen wir vor den Trümmern des eigenen Tuns standen, - vielleicht, weil auch wir uns zu falschem Tun anstiften ließen von Menschen, die eigentlich nur unser Bestes wollten? In solchen Zeiten rast ja nicht nur der Puls, sondern auch eine Unzahl von Gedanken schließen einem durch den Kopf. Und dann flieht man, - weg von dem Ort des Unrechts. Man flieht vor sich und der Situation, - und wird doch von ihr begleitet. Irgendwann aber, bevor man neue Ufer erreicht, muss man innehalten, sich fallen lassen, neu Atem holen und Kraft schöpfen, weil man nicht mehr kann und alles in einem leer ist. In solchen Zeiten ist auch ein Stein als Kopfkissen so weich wie ein Daunenbett.

Jakob auf der Flucht. Doch wie er so daliegt und schläft, - nicht mehr reagieren kann, sondern seiner Müdigkeit Tribut zollen muss, geschieht etwas Besonderes und Einzigartiges. Er träumt, - keinen gewöhnlichen Traum, - auch keinen Alptraum, wie man vermuten möchte, sondern einen Traum, in dem er Gott begegnet. Durch eine Leiter wird die Verbindung zwischen Himmel und Erde hergestellt. Sie sind keine voneinander absolut getrennten Größen mehr. Nein, Gottes Boten verbinden sie und zeigen: Gott behält auch einen Menschen wie Jakob im Auge, - selbst dann und dort, wo Böses geschieht. Er erscheint dem Taugenichts und versichert ihn seiner Nähe. Er bestätigt sogar den Segen, den er sich von seinem Vater erschlichen hat und zieht die Linien bis hinaus zu allen Nachkommen, ja zu allen Völkern und Nationen. Dieser Taugenichts und Segenserschleicher Jakob soll Segensbringer werden für die ganze Welt.

Damit ist nun aber nicht wieder alles gut. Nein, er bleibt auf der Flucht, muss viele Jahre der Trennung von der Familie durchleben, sich in einer fremden Umgebung behaupten und eine Existenz aufbauen, bevor er wieder zurückkehren und die zerrütteten Verhältnisse neu ordnen kann. Doch die Zeit und der Weg, der vor ihm liegt, stehen unter der Zusage: „Ich will dich nicht verlassen, bis ich alles tue, was ich dir zugesagt habe."

Dieses Wort an Jakob reicht nun auch hinein in unser Leben. Der Gott, der dem Jakob erschien und ihm im Traum deutlich machte, dass Himmel und Erde keinesfalls so voneinander geschieden sind, wie man vermuten möchte und gängiger Weise meint, der hält auch heute über unserem Leben und dieser Welt Wacht. Ja, er hat uns als Christen eine ganz neue Form der Leiter gegeben, durch die er mit uns verbunden ist, - nämlich Jesus, seinen Sohn. Das ist kein Phantom. Es ist eine Realität, an der wir uns festhalten können. Er ist die Menschgewordene Zusage Gottes „ich will dich nicht verlassen, bis ich alles tue, was ich dir zugesagt habe." Auch für uns gilt deshalb: Wo wir auch sind, wer wir auch sind, was uns auch auf die Flucht treiben und aus der Bahn werfen mag, auch uns will Gott nicht verlassen, bis er alles tut, was er uns zugesagt hat. Und die letzte große Zusage lautet „Wer an mich glaubt, wird leben, ob er gleich stürbe." Wer glaubt, hat Zukunft, - Zukunft bei Gott. Es mag sich anhören wie ein Traum. Doch es ist Wirklichkeit.

Um dieser Wirklichkeit willen macht Jakob aus seinem Schlafstein einen Gedenkstein, nachdem er sich kurz verwundert die Augen gerieben hat. Er sagt nicht, Träume sind Schäume. Er lässt es sich vielmehr von Gott gesagt sein „Ich will dich nicht verlassen." Daraus zieht er die Konsequenzen. Er geht angesichts der Herrlichkeit und Gegenwart Gottes in sich und hält fest: Hier, wo ich lag, ist die Pforte des Himmels. Gott hat mich erreicht auf meinem Weg, - am Nullpunkt meiner Existenz. Das will ich nicht vergessen, sondern von hier aus mein Leben neu gestalten und ordnen. Einen neuen Anfang setzen, nicht vergessen wollen, sich von Gott bei der Hand nehmen lassen und fortan vor ihm stehen, wo auch immer einen der Lebensweg hinführen mag, das erwartet Gott nun auch von uns. Denn ich bin sicher, auch wir hatten schon solche Begegnungen mit Gott, - Begegnungen im Traum, - Begegnungen in Gedanken oder in Gefühlen „Du sollst dieses und jenes tun oder lassen." Aber ist's dann bei solchen Schlaferlebnissen geblieben oder haben wir Gedenksteine daraus

gemacht, - Wegmarken für einen neuen, ganz anderen Lebensabschnitt, - einen, in dem Gott eine Rolle spielt?
Es wäre einmal lohnend innezuhalten, nachzudenken und Gott in seiner ganzen Heiligkeit wahrzunehmen und das Leben neu zu ordnen, - von Gott her und auf ihn hin. Dann werden wir auf der Flucht unseres Lebens wohltuend Gottes Nähe spüren und getröstet unseren Weg fortsetzen dürfen, - ohne Angst, in tiefer Ruhe und Geborgenheit. Dass uns dies immer wieder neu geschenkt werden möge, wünsche ich einem jeden von Herzen und weiter, dass wir glaubhafte Zeugen seiner Größe und Treue werden und bleiben.

„Zum Kampf herausgefordert – bleibend behindert, aber gesegnet."

Gedanken zu 1. Mose (Genesis) 32,23-33

Die Schlagzeile der Jerusalem Post aus dem Jahr 2000 v.Chr. könnte so ausgesehen haben: Heimtückischer Überfall am Jabbok - Angriff mit einer großen Energieleistung abgewehrt - schwer verletzt, aber glücklich verließ Jakob den Ort des Geschehens.

Wie ein Blitz aus heiterem Himmel traf es den Jakob. Irgendwie muss er aber doch eine Vorahnung gehabt haben. Im Schutz der Nacht bringt er seine Familie samt allem Hab und Gut über den Fluss. Sein schlechtes Gewissen lässt ihm keine Ruhe. Zuvor hatte er schon eine Abordnung vorausgeschickt. Rinder, Schafe, Ziegen und anderes mehr. Esau, sein Bruder, sollte besänftigt und entschädigt werden für das, was er ihm angetan hatte. Doch würde Esau akzeptieren, das war die Frage, die noch auf eine Antwort wartete. Es scheint, als wollte er einen Schutzwall vor sich aufbauen, um den Zusammenstoß mit Esau etwas abzumildern. Doch dann das. Jetzt, wo er sich allein wusste und alles, was er hatte, zwischen sich und Esau in Stellung gebracht hatte, dieser unvermittelte Überfall. Hatte Esau seine Taktik durchschaut und ihn jetzt seinerseits überlistet, indem er die Gunst der Stunde für sich nutzte? Viele Fragen mögen dem Jakob durch den Kopf gegangen sein. Doch zum Fragen selbst blieb wenig Gelegenheit. Zu heftig tobte der Kampf, - ein Kampf in der Einsamkeit begleitet von einem großen, fast unheimlichen Schweigen.

Ja, ich denke, so werden auch wir zuweilen in den Grundfesten unseres Lebens erschüttert. Man hat alles trefflich geplant und vorbereitet. Jeder Schritt wird vorher genau überlegt. Nichts bleibt dem Zufall überlassen. Man versucht sein schlechtes Gewissen in den Griff zu bekommen und Fehler, die einen seit vielen Jahren verfolgen, auszumerzen. In aller Heimlichkeit und mit großer Vorsicht wird vorgegangen. Auch wir haben so unsere Nächte, in denen wir unsere letzten Vorbereitungen treffen. Doch kaum ist der letzte Schritt getan, geraten wir in Turbulenzen. Die vermeintliche Sicherheit erweist sich als Ort der größten Gefahr. Allein stehen wir den Angriffen der Zweifel und Anfechtungen gegenüber, - müssen mit Schicksalsschlägen fertig werden und selbst wieder festen Boden unter den Füßen zu gewinnen versuchen. Wir sind allein, weil wir alle anderen fortgeschickt haben. Wir sind allein, weil wir allein sein wollten. So haben wir uns selbst um den Schutz gebracht, den wir durch die Gemeinschaft mit anderen hätten empfangen können. Es bleibt einem nichts Anderes übrig, als sich allein durchzukämpfen, ganz egal wie. Es ist ein Kampf begleitet von der Angst ums nackte Überleben. Und die Mächte, die da auf uns einstürmen, sind ähnlich namenlos und schweigsam wie bei Jakob.

Und wie bei ihm bleiben auch bei uns Verletzungen nicht aus, - Verletzungen an Leib und Seele. Jakob verließ diesen Ort mit einem irreparablen Hüftschaden. Als Behinderter musste er fortan durchs Leben gehen, - hinkend. Was hier am Jabbok geschehen war, ließ sich nicht verheimlichen.
Ganz ähnlich tragen auch wir unsere Narben, - äußerlich etwa nach einer Operation oder einem Unfall. Was für Geschichten könnten wir darüber nicht alles erzählen. Und wie oft werden wir daran erinnert, wenn die Narbe etwa bei einem Wetterumschwung zu schmerzen beginnt?
Aber dann sind da auch noch die seelischen Narben. Vor ein paar Tagen hörte ich zufällig von einer Jüdin, die ein Buch über die seelischen Narben ihrer Eltern verfasste. Die Erlebnisse im KZ konnten sie einfach nicht vergessen. Sie waren allgegenwärtig. Und wie viele unter uns denken mit Schrecken an den Krieg zurück, - an Unterdrückung und Mobbing am Arbeitsplatz, - an Schwierigkeiten in der Familie und anderes mehr. Die Narben, die dadurch bei uns verursacht wurden und werden, lassen sich auch nicht verheimlichen. Sie drücken unserem Leben in ähnlicher Weise den Stempel auf. Wir müssen damit leben, ob wir es wollen oder nicht. Jeder von uns ist auf seine Weise gezeichnet, - trägt Zeichen einer Behinderung und Beeinträchtigung an sich, die er sich in manch dunkler Lebenssituation zugezogen hat. Und ebenso wie bei Jakob bleibt der Verursacher merkwürdig namenlos.

Doch die Geschichte geht noch weiter. Dieser Jakob hat sich in sein Gegenüber regelrecht verkrallt. Beide scheinen untrennbar ineinander verschlungen, so verbissen war der Kampf, aber es muss wieder zur Trennung kommen. Sie wird zur Stunde der verdeckten Offenbarung. Was Jakob sich Jahre zuvor auf unrechtmäßigem Weg erschlichen hat, das will er jetzt erneut zugesprochen bekommen, - den Segen nämlich. Doch zuvor muss er seinen Namen preisgeben, um einen neuen Namen zu erhalten. So zeigt sich hier im Alten Testament: Wer sich an seinen Gott hält mit allen ihm zur Verfügung stehenden Kräften, dem muss alles zum Besten dienen. Körperlich geht Jakob als Gezeichneter vom Platz, seelisch aber geheilt, - gesegnet, - mit einer Zukunftsverheißung, die ihm kein geringerer als Gott selbst zuspricht.
Bis zum heutigen Tag hat sich daran nichts geändert. Gott führt uns bisweilen durch dunkle Täler, - wer aber an ihm festhält, dem schenkt er Zukunft. Die Prüfungszeiten verwandelt er in Segen. Dass dann ein ganz neuer Abschnitt beginnt, macht er durch den neuen Namen deutlich, der für einen Herrschaftswechsel im Leben eines Menschen steht. Damals war es nämlich üblich, dass ein Herr, wenn er einen Sklaven kaufte, zum Zeichen dafür, dass er nun zu ihm gehörte, ihm auch einen neuen Namen gab. Hier lässt Jakob das an sich geschehen. Er lässt sich von Gott vereinnahmen. So empfängt er den Segen. So wird ihm schließlich auch bewusst, mit wem er es die ganze Zeit zu tun hatte, - mit Gott nämlich. Dass er noch lebt, erscheint ihm als Wunder. Und just in dem Augenblick, als er dies begreift, geht die Sonne auf.
Welch ein Bild! Ein Bild, das auch uns Freude und Hoffnung bringen möchte.
Denn was diese alttestamentliche Geschichte erzählt und über Gott sagt, könnten wir auch vom Neuen Testament her ausführen und beleuchten. In Jesus begegnet Gott uns nämlich immer wieder neu, - spricht uns an, - ja, beruft uns zu seinen Kindern. In der Taufe wurde dies über jedem ausgesprochen. Damals hat Gott uns bei unserem Namen gerufen. Nun soll es unsere vornehmste Sorge sein, unter Gottes Segen zu stehen und zu leben. Jakob ließ nicht locker, bis er diese Zusage Gottes in der Tasche hatte. Und Gott ließ sich von seinem Bitten bezwingen.
Ich denke, wir dürfen es aufs Gebet übertragen, in dem wir Gott vorlegen dürfen, was uns bewegt an Sorgen und Nöten. Hier dürfen auch wir mit ihm ringen. Hier werden

wir dann aber auch erleben können, wie die Begegnung mit Gott das Leben verändert. Auch wenn sich in diesem Ringen vieles verändern kann, am Ende soll doch über uns die Sonne aufgehen. Gott will unserem Glauben den Sieg geben über alle Widrigkeiten am Wegrand unseres Lebens. Der hinterlistige und heimtückische Überfall entpuppt sich so zu einem Akt der heilbringenden Begegnung mit unserem Gott, - der uns zwar unsere Narben und Behinderungen lässt, aber Kraft und Mut gibt, mit ihnen umzugehen und zu leben, ohne dass dadurch unser Leben an Qualität verliert, - im Gegenteil, es soll Ewigkeitsperspektiven gewinnen. Dass Gott in der Form segnend in unser Leben eingreift, möge eine unserer täglichen Erfahrung werden.

„Gott vermag Unrecht in Heil zu verwandeln."
Gedanken zu 1. Mose (Genesis) 50,15-21

Dieser Text kennzeichnet eine tiefe Zäsur. Der Vater, die unumstrittene Autorität in der Familie, war gestorben. Mit einem Mal brachen alte Wunden auf - ausgelöst durch ein absolut schlechtes Gewissen. Josephs Brüdern stand ihre Schuld vor Augen und mit ihr die Angst vor der Zukunft. Wie würde ihr Bruder, an dem sie sich so unentschuldbar tief versündigt hatten, nun reagieren? Würden sie bezahlen müssen für das, was sie ihm angetan hatten? Verständlich wäre es. Sie hätten keinen Grund zur Klage. Sie hätten es verdient. Um den Bruder zu besänftigen, bedienen sie sich einer List oder sollte man besser sagen einer Lüge, indem sie mit einem fingierten Auftrag den toten Vater nochmals als Schlichter bemühen. Getarnt als Auftrag von ihm schicken sie einen Boten zu Joseph mit der Bitte um Vergebung.
Ja, Schuld kann einen verfolgen, beunruhigen, verklagen und ängstigen. Josephs Brüder trauen dem Frieden nicht, weil sie sich selbst nicht trauen. Einst kam ihr Bruder zu ihnen, um im Auftrag des Vaters nach ihnen zu sehen. Alles schien ruhig und friedlich, doch der Neid samt ihrer Missgunst nagten an ihrem Herzen und ließen sie einen teuflischen Plan schmieden. Umbringen wollten sie ihn, den Liebling des Vaters. Allein die Intervention Rubens ließ sie ihren Entschluss umwandeln in ein Verkaufen als Sklaven nach Ägypten. Sie wussten also aus eigenem Erleben, was sich hinter einer Unschuldsmiene verbergen kann. Doch das, was ihnen damals zu einem Stachel im Fleisch geworden war und sie unter allen sieben Umständen verhindern wollten, - nämlich, dass Joseph sich anscheinend in überheblicher Weise über sie erhob, - sie vor ihm im Traum vor ihm niederfallen sah und sich verneigen, war Wirklichkeit geworden. Joseph war Pharaos rechte Hand und sie ihm schutzlos ausgeliefert. Die Fronten hatten sich verkehrt. Aus dem Traum war Wirklichkeit. Ihre damalige Bosheit stand ihnen in ihrer ganzen Größe vor Augen und wog nun doppelt.

Ist dies nun nur eine Begebenheit aus längst vergangenen Tagen oder auch heute noch in ähnlicher Weise möglich? Die Bibel sagt: Des Menschen Herz ist böse von

Jugend auf. Neid und Missgunst sind nämlich bis in unsere Tage nicht ausgestorben. Sie gehören zu unserem Leben. Denn auch wir haben gewiss schon Situationen und Zeiten erlebt, in denen wir uns zurückgesetzt fühlten und entsprechend gehässig reagierten. Wir wollten beweisen, dass wir es uns nicht gefallen lassen, und verstrickten uns in allerlei Sünde und Schuld. Und dann? Hat uns dann nicht auch unser Tun und Planen über kurz oder lang eingeholt und das Fürchten gelehrt?

Josephs Brüder ziehen die Konsequenz. Sie haben den Eindruck, wir können unserer Schuld nicht entkommen, - nicht vor ihr fliehen. Deshalb nennen sie sie beim Namen, bekennen sich zu ihr und bitten über einen Boten mit Hinweis auf den Vater um Vergebung und damit um Gnade. Darüber rühren sie Joseph zu Tränen. Worüber er wohl am meisten geweint haben mag? - über das Schuldeingeständnis seiner Brüder? – über ihre Bitte um Vergebung oder ihre Angst vor ihm, dem Bruder, und damit darüber, dass sie ihm eine ganz unbrüderliche, grausame Rache zugetraut haben?
Als sie schließlich vor ihm stehen, vor ihm niederfallen und sich zu seinen Knechten erklären, sprich zu seinen Sklaven und Leibeigenen, da antwortet er ihnen: „Fürchtet euch nicht! Stehe ich denn an Gottes statt?“ Nein, aus seiner Stellung, so macht er damit deutlich, will er keinen Vorteil ziehen. Nicht er ist Richter, sondern Gott. An Rache denkt er trotz seiner herausgehobenen Stellung nicht. Aber er bestätigt ihre Schuld, als er ganz ungeschminkt zu ihnen sagt: „Ihr gedachtet es böse mit mir zu machen.“ Ja, daran gibt es keinen Zweifel. Sie wollten ihn aus dem Wege schaffen. Doch dann folgt das große „Aber“. „Aber Gott gedachte es gut zu machen.“ Ja, Gott vermag unser Tun zu nutzen und die Zielrichtung in seinem Sinn umzuprägen, so dass das Böse zum Guten wird. Gott denkt und handelt vorausschauend und verbindet damit Heilsgedanken. Das erkennt Joseph, denn er sieht das Geschehen vom Ende her. „Gott gedachte es gut zu machen, um zu tun, was jetzt am Tage ist, nämlich am Leben zu erhalten ein großes Volk.“ Der Weg, den er gehen musste, zunächst in die Sklaverei und dann ins Gefängnis, war die Vorbereitung für die Rettung seiner Familie und damit des Volkes Israel, aber auch der Ägypter. Durch die Weisheit, die Gott

Joseph gegeben hatte, waren Kornspeicher gebaut worden, so dass am Ende alle die Hungerjahre überstehen konnten. So segnete Gott auch das Gastland der Israeliten. Auch wenn Gottes Handeln einem nicht immer klar vor Augen steht, so bleibt es dabei „Gott sitzt im Regimente und führet alles wohl." Und weil dies so ist, dürfen wir es staunend und dankbar zur Kenntnis nehmen, - aber auch für unsere Lebenswege dankbar sein. Denn auch wenn uns beispielsweise Menschen durch ihr (böses) Tun aus der Bahn geworfen haben und wir durch Tiefen gehen mussten, ging dies an Gott vorbei und wurde von ihm mit einem Sinn versehen. Es ist schön, wenn es dann Menschen gibt, die uns hierfür die Augen öffnen, - besonders wenn man sich selbst versündigt hat wie Josephs Brüder und man dann erleben darf „Gott schreibt auch auf krummen Linien gerade", bringt also zurecht, was wir verunstaltet haben.
Schön wenn es am Ende dann lautet wie bei Joseph: „So fürchtet euch nun nicht; ich will euch und eure Kinder versorgen." Und er tröstete sie und redete freundlich mit ihnen.

Printed by Books on Demand GmbH, Norderstedt / Germany